Debbie Brown

TORTE
per bambini

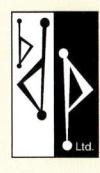

dolci adorabili per battesimi,
compleanni e future mamme

Dedica

<u>Per Hannah</u>

Ho scritto questo libro per te, ma probabilmente non ti interesserà finché non sarai cresciuta e riguarderai le foto delle tue torte di compleanno speciali preparate di anno in anno, con la mamma sullo sfondo che guarda orgogliosamente verso l'obiettivo. Forse però un giorno, quando sarai una bellissima ragazza, lo tirerai fuori dallo scaffale, lo spolvererai e darai un'occhiata alle sue pagine. Perché tutto ciò che contiene l'ho fatto pensando a te. Con amore

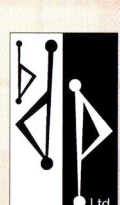

Prima edizione: settembre 2011,
B. Dutton Publishing Limited, The Grange,
Hones Yard, Farnham, Surrey, GU9 8BB.
Copyright: Debra Brown 2011
ISBN 978-1-905113-34-7
Tutti i diritti riservati.
Prima edizione italiana: maggio 2012

Editore: Beverley Dutton
Direttore editoriale: Jenny Stewart
Art director/impaginazione: Sarah Ryan
Vice-direttore editoriale: Jenny Royle
Impaginazione: Zena Manicom
Vice-responsabile editoriale/Progettista grafico: Louise Pepé
Responsabile PR e pubblicità: Natalie Bull
Traduzione: Barbara Perego, Oku Studio
Fotografo: Alister Thorpe
Stampato in Spain
Sfondi forniti da wallpaperdirect.co.uk

Esclusione di responsabilità

L'Autore e l'Editore hanno compiuto ogni sforzo per assicurarsi che i contenuti di questo libro, se seguiti attentamente, non causino danni o lesioni o determinino alcun rischio. Si noti che nelle ricette di questo libro sono stati utilizzati alcuni elementi non commestibili, come i bastoncini per lecca-lecca e le bacchette di sostegno per i dolci. Tutti questi elementi non commestibili devono essere rimossi prima del consumo dei dolci. Analogamente, gli strumenti e le sostanze non destinati a uso alimentare non devono entrare in contatto con alcun alimento destinato a essere consumato. Né l'Autore né l'Editore potranno essere ritenuti responsabili di errori od omissioni e non accetteranno responsabilità per lesioni, danni o perdite causati a persone o cose, in qualsiasi modo essi si verifichino, in conseguenza di azioni compiute seguendo le istruzioni e le informazioni contenute in questo libro.

introduzione

Ho scritto molti libri in questi anni ma i miei preferiti sono senz'altro quelli che trattano di torte per bambini e di modellazione; perciò questo libro è stato particolarmente piacevole da scrivere. L'arrivo di un nuovo nato, i bambini piccoli e le loro feste speciali sono un tema splendido su cui basare un libro.

Mi sono divertita moltissimo a inventare questi soggetti e queste torte, scegliendo tra una miriade di possibilità. Benché avessi moltissime idee basate su colori vivaci, al momento di scegliere ho preferito delicate tonalità pastello, perlopiù colori tipicamente infantili come il rosa, l'azzurro e il giallo limone. Tutti questi dolci possono essere realizzati anche in colori più vivaci e divertenti e in tutto il libro mi sono assicurata di offrire soluzioni alternative per dimostrare quanto possano essere diversi i risultati se si modifica anche un solo elemento.

Ho fatto particolare attenzione, specie nei libri precedenti, a non far sembrare il lavoro di decorazione troppo difficile. Sono certa che, anche nel caso dei titoli più semplici che ho scritto, molti lettori avranno preso il libro dallo scaffale del negozio per poi rimettercelo subito, convinti che non sarebbero mai riusciti a preparare uno di questi dolci! Vi prego, però, di non pensare che sia impossibile creare qualcosa di cui andare fieri, perché vi assicuro che non lo è.

Avrei potuto riempire un numero di pagine doppio ma naturalmente ho dovuto fare una selezione. Perciò ho fatto in modo che ogni torta inclusa nel libro fosse accessibile a chiunque a prescindere dal suo livello di esperienza, principianti assoluti compresi. Spesso, nel corso dei miei anni di insegnamento, mi sono resa conto del fatto che non importa se si è assolutamente alle prime armi; anche se l'esperienza naturalmente aiuta, ho scoperto che l'abilità naturale trova sempre un modo per emergere. Grazie alle istruzioni passo per passo e aiutandovi con le fotografie, potrete preparare torte di cui andare fieri.

Debbie

Ringraziamenti

Devo sempre ringraziare anzitutto i miei famigliari, per aver sopportato le lunghe giornate e serate in cui stavo lavorando, per la loro pazienza e comprensione e soprattutto per il loro incrollabile sostegno e incoraggiamento.

Grazie ad Alister Thorpe per le splendide foto di questo libro. Se è vero che la macchina fotografica non può mentire, è vero anche che occorre abilità per presentare le immagini nel modo migliore.

Ogni volta che realizzo un libro con B. Dutton Publishing è sempre un piacere lavorare con Jenny Stewart e Sarah Ryan. Non potrei mai lodarle e ringraziarle abbastanza per il loro talento, entusiasmo e, in questo caso, anche per la loro comprensione e pazienza.

Sommario

ricette e tabelle di cottura

Pan di Spagna ricco

Non c'è niente di più gustoso di un pan di Spagna ricco, che è un dolce abbastanza versatile da prestarsi ai gusti e alle farciture più diversi. Questa ricetta contiene un po' più di farina, per rendere la torta un po' più solida e adatta alla scultura, e l'aggiunta del latticello (o latte fermentato, buttermilk in inglese) rende la pasta più morbida e le dà un gusto più ricco e delicato.

Varianti base per il pan di Spagna ricco

Torta marmorizzata al cioccolato
Prima di versare l'impasto nella teglia, mescolateci 200 g di cioccolato fuso fino a ottenere un effetto marmorizzato. Per ottenere una torta al cioccolato più leggera, mescolate completamente il cioccolato.

Torta marmorizzata all'arancia
Procedete come per la torta al cioccolato e aggiungete la scorza grattugiata e il succo di un'arancia organica.

Torta al limone
Aggiungete la scorza grattugiata di un limone organico all'impasto della torta.

Torta all'arancia e al limone
Aggiungete all'impasto della torta la scorza grattugiata di un'arancia organica e di un limone e una spruzzata di succo d'arancia.

Torta al caffè
Aggiungete 2 cucchiai di essenza di caffè all'impasto della torta.

Torta alle mandorle
Aggiungete un cucchiaino di essenza di mandorle e 2-3 cucchiai di mandorle tritate all'impasto della torta.

1 Preriscaldate il forno a 150°, quindi imburrate e foderate la teglia.

2 Setacciate la farina con lievito in una ciotola.

3 Ammorbidite il burro e mettetelo in un mixer o in una terrina grande insieme allo zucchero semolato. Montate l'impasto con una frusta fino a renderlo chiaro e morbido.

4 Aggiungete all'impasto le uova, una alla volta, con una cucchiaiata di farina, mescolando bene con la frusta dopo aver aggiunto ogni uovo.

5 Utilizzando una spatola o un cucchiaio grande, mescolate il resto della farina nell'impasto.

6 Incorporate delicatamente l'estratto di vaniglia e il latticello.

7 Versate l'impasto con il cucchiaio nella teglia, quindi fate una fossetta in cima all'impasto utilizzando il retro di un cucchiaio. Se state utilizzando più teglie, assicuratevi di riempirle tutte in modo uniforme; se state preparando dei cupcake, riempite per ½ o ¾ ogni pirottino.

8 Cuocete a metà del forno per il tempo indicato o fino a quando uno stuzzicadenti inserito fino al centro del dolce non risulterà pulito una volta estratto.

9 Lasciate raffreddare nella teglia per cinque minuti, quindi trasferite la torta su una griglia e lasciatela raffreddare completamente. Quando si sarà raffreddata, conservatela in un contenitore ermetico o avvolgetela in un doppio strato di cellophane lasciandola riposare per almeno otto ore, in modo da consolidare l'impasto prima di utilizzarlo.

Progetto	Teglia	Burro ammorbidito	Zucchero semolato, setacciato	Uova grandi	Farina con lievito, setacciata	Estratto di vaniglia	Latticello	tempo di cottura
20 Cupcake	Pirottini per cupcake	225g	225g	4	225g	5ml (1 cucchiaino)	15ml (1 cucchiaio)	20 minuti
Giorno di bucato	2 teglie tonde da 15 cm e 1 da 10 cm	400g	400g	7	510g	5ml (1 cucchiaino)	75ml (4 cucchiai)	1-1¼ ore
La cicogna	1 teglia tonda da 20 cm, 1 da 15 cm e 1 da 10 cm	455g	455g	8	565g	5ml (1 cucchiaino)	75ml (4 cucchiai)	50 minuti - 1¼ ore
Amore di mamma	1 teglia tonda da 20 cm	285g	285g	5	340g	5ml (1 cucchiaino)	55ml (3 cucchiai)	1¼-1½ ore
Bimbi in lacrime	1 teglia tonda da 20 cm e 1 da 10 cm	340g	340g	6	430g	5ml (1 cucchiaino)	55ml (3 cucchiai)	50 minuti - 1¼ ore
Pisellino nel baccello	2 teglie o pirofile a cupola da 15 cm	340g	340g	6	430g	5ml (1 cucchiaino)	55ml (3 cucchiai)	1-1¼ ore
Scatola dei giochi	2 teglie quadrate da 15 cm	340g	340g	6	430g	5ml (1 cucchiaino)	55ml (3 cucchiai)	1-1¼ ore
Orsacchiotti	2 teglie o pirofile a cupola da 15 cm, 2 da 10 cm e 2 da 7 cm	455g	455g	8	565g	5ml (1 cucchiaino)	75ml (4 cucchiai)	1-1¼ ore
Castello delle fiabe azzurro	1 teglia quadrata da 15 cm e 1 tonda da 10 cm	340g	340g	6	430g	5ml (1 cucchiaino)	55ml (3 cucchiai)	1-1¼ ore
Castello delle fiabe rosa	1 teglia tonda da 18 cm e 1 da 10 cm	340g	340g	6	430g	5ml (1 cucchiaino)	55ml (3 cucchiai)	1-1¼ ore
Blocchetti	1 teglia quadrata da 20 cm e 2 da 10 cm	340g	340g	6	430g	5ml (1 cucchiaino)	55ml (3 cucchiai)	1-1¼ ore
Gattini	1 teglia quadrata da 30 cm e teglie a cupola di silicone da 6 x 7 cm	400g	400g	7	510g	5ml (1 cucchiaino)	75ml (4 cucchiai)	1¼-1½ ore; 20 minuti (cupole)
La prima bambola	1 teglia tonda da 20 cm e 1 teglia o pirofila a cupola da 15 cm	400g	400g	7	510g	5ml (1 cucchiaino)	75ml (4 cucchiai)	1¼-1½ ore
Arca di Noè	1 teglia tonda da 20 cm, 1 teglia o pirofila a cupola da 20 cm e 2 teglie quadrate da 10 cm	565g	565g	10	650g	10ml (2 cucchiaini)	90ml (5tbsp)	1¼-1½ ore

Torta al cioccolato

Questa è una ricetta ideale, perché la cottura produce un impasto uniforme e facile da scolpire che si mantiene eccezionalmente fresco e ricco.

1 Pre-riscaldate il forno a 160°.

2 Preparate il caffè e mettetelo in un pentolino. Rompete il cioccolato fondente a pezzettini, aggiungeteli al caffè e mescolate fino a sciogliere il tutto. Lasciate raffreddare.

3 Montate il burro ammorbidito e lo zucchero di canna insieme, fino a ottenere un impasto chiaro e spumoso. Aggiungete le uova una per una, quindi mescolate l'estratto di vaniglia e la miscela raffreddata di caffè e cioccolato.

4 Setacciate la farina senza lievito insieme al bicarbonato di sodio e mescolateli gradualmente con l'impasto, a piccole quantità, fino a ottenere una miscela uniforme e omogenea. Aggiungete la panna acida.

5 Con un cucchiaio, versate l'impasto nella teglia e fate un avvallamento al centro usando il retro di un cucchiaio. Se state utilizzando più teglie, assicuratevi di riempirle tutte in modo uniforme; se state preparando dei cupcake, riempite per ½ o ¾ ogni pirottino.

6 Cuocete a metà forno per il tempo indicato o fino a quando uno stecchino inserito fino al centro del dolce non risulterà pulito una volta estratto.

7 Lasciate raffreddare nella teglia per cinque minuti, quindi trasferite la torta su una griglia e lasciatela raffreddare completamente. Quando si sarà raffreddata, conservatela in un contenitore ermetico o avvolgetela in un doppio strato di cellophane lasciandola riposare per almeno otto ore, in modo da consolidare l'impasto prima di utilizzarlo.

Progetto	Teglia	Caffè	Cioccolato fondente per copertura	Burro ammorbidito	Zucchero di canna	Uova grandi	Farina senza lievito, setacciata	Bicarbonato di sodio	Estratto di vaniglia	Panna acida	Tempo di cottura
30 Cupcake	Pirottini per cupcake	175ml	75g	175g	280g	3	280g	7ml (1 ½ cucchiaino)	5ml (1 cucchiaino)	175ml	20 minuti
Giorno di bucato	2 teglie tonde da 15 cm e 1 da 10 cm	290ml	125g	290g	470g	5	470g	10ml (2 cucchiaini)	10ml (2 cucchiaini)	290ml	1-1¼ ore
La cicogna	1 teglia tonda da 20 cm, 1 da 15 cm e 1 da 10 cm	350ml	150g	350g	550g	6	550g	15ml (3 cucchiaini)	10ml (2 cucchiaini)	350ml	1¼ -1½ ore
Amore di mamma	1 teglia tonda da 20 cm	175ml	75g	175g	280g	3	280g	7ml (1 ½ cucchiaino)	5ml (1 cucchiaino)	175ml	1¼ -1½ ore
Bimbi in lacrime	1 teglia tonda da 20 cm e 1 da 10 cm	235ml	100g	235g	375g	4	375g	10ml (2 cucchiaini)	10ml (2 cucchiaini)	235ml	1-1¼ ore
Pisellino nel baccello	2 teglie o pirofile a cupola da 15 cm	235ml	100g	235g	375g	4	375g	10ml (2 cucchiaini)	10ml (2 cucchiaini)	235ml	1¼ -1½ ore
Scatola dei giochi	2 teglie quadrate da 15 cm	175ml	75g	175g	280g	3	280g	7ml (1 ½ cucchiaino)	5ml (1 cucchiaino)	175ml	1-1¼ ore
Orsacchiotti	2 teglie o pirofile a cupola da 15 cm, 2 da 10 cm e 2 da 7 cm	350ml	150g	350g	550g	6	550g	15ml (3 cucchiaini)	10ml (2 cucchiaini)	350ml	1-1½ ore
Castello delle fiabe azzurro	1 teglia quadrata da 15 cm e 1 tonda da 10 cm	175ml	75g	175g	280g	3	280g	7ml (1 ½ cucchiaino)	5ml (1 cucchiaino)	175ml	1-1¼ ore
Castello delle fiabe rosa	1 teglia rotonda da 18 cm e 1 da 10 cm	175ml	75g	175g	280g	3	280g	7ml (1 ½ cucchiaino)	5ml (1 cucchiaino)	175ml	1-1¼ ore
Blocchetti	1 teglia quadrata da 20 cm e 2 da 10 cm	235ml	100g	235g	375g	4	375g	10ml (2 cucchiaini)	10ml (2 cucchiaini)	235ml	1-1¼ ore
Gattini	1 teglia quadrata da 30 cm e teglie a cupola di silicone da 6 x 7 cm	290ml	125g	290g	470g	5	470g	10ml (2 cucchiaini)	10ml (2 cucchiaini)	290ml	1¼ -1½ ore; 20 minuti (cupole)
La prima bambola	1 teglia tonda da 20 cm e 1 teglia a cupola o pirofila da 15 cm	290ml	125g	290g	470g	5	470g	10ml (2 cucchiaini)	10ml (2 cucchiaini)	290ml	1¼ -1½ ore
Arca di Noè	1 teglia tonda da 20 cm, 1 teglia a ciotola o pirofila da 20 cm e 2 teglie quadrate da 10 cm	350ml	150g	350g	550g	6	550g	15ml (3 cucchiaini)	10ml (2 cucchiaini)	350ml	1-1½ ore

Riso soffiato ai marshmallow

Questa ricetta non è solo facile, veloce e realizzabile senza forno ma viene utilizzata dai cake decorator in sostituzione delle torte per aree specifiche dei progetti che devono risultare leggere ma resistenti. Le torte farcite possono essere pesanti e causare pressione e possibili danni alle parti sottostanti.

Questa ricetta si può utilizzare anche per alcuni dei mini-progetti illustrati in questo libro, in particolare quelli con palline, dal momento che l'impasto è facile da appallottolare e, se lasciato asciugare, crea un dolcetto solido ma gustoso e facile da decorare.

Ingredienti

50 g di burro

200 g di marshmallow bianchi

160 g di riso soffiato (o riso soffiato e cereali)

Dosi per circa 350-380 g

1 Sciogliete il burro in una casseruola grande a fuoco basso. Aggiungete i marshmallow e mescolate costantemente fino a scioglierli. Mescolate per un altro minuto. Togliete dal fuoco, aggiungete il riso soffiato e mescolate fino a ricoprirlo completamente.

2 Lasciate raffreddare leggermente l'impasto, quindi inseritelo nello stampo prescelto, compattandolo con una pressione decisa in modo da creare una superficie liscia. Dovrete lavorare rapidamente, prima che l'impasto si indurisca.

Pasta di torta

La pasta di torta è una miscela di briciole di dolci, di solito i ritagli rimasti dalla torta principale, mescolate con una qualsiasi farcitura in quantità sufficiente a inumidire le briciole e a permettere di dare loro la forma desiderata. Potete aggiungervi anche altri ingredienti, come scaglie di cioccolato, frutta secca a pezzettini e, per un tocco extra, insaporirla con un liquore. La mia preferita è la pasta di torta al cioccolato con un po' di ganache e uno spruzzo di liquore all'arancia, seguita a breve distanza da quello fatta con briciole di pan di Spagna ricco mescolate con crema al burro, un po' di scorza grattugiata e uno spruzzo di succo di limone organico.

La pasta di torta è ideale per l'utilizzo in zone di un dolce che risulterebbero difficili da scolpire o da cuocere, di solito a causa delle dimensioni. Ha tuttavia lo stesso peso delle torte farcite, perciò non è adatta alle aree che richiedono un materiale più leggero per non danneggiare la torta principale (come la testa del bambino nel baccello a pagina 53). È però perfetta per sostituire un elemento modellato in pasta di zucchero come le teste delle mini-bambole (vedi pagina 100). Utilizzate 60 g di pasta di zucchero per ogni testa se le preparate utilizzando solo la pasta; se invece intendete ricoprire la pasta di torta con pasta di zucchero, la quantità di copertura andrà notevolmente ridotta e il risultato sarà molto più buono!

Potete utilizzare questa ricetta anche per preparare dei cake pop o dolcetti da passeggio: fate una pallina con l'impasto, inseritevi un bastoncino per lecca-lecca e immergete il tutto in cioccolato fuso o in una copertura a vostra scelta.

La ricetta base illustrata di seguito è estremamente facile da preparare.

Ingredienti

150 g di briciole di torta

50 g di farcitura

Dosi per circa 200 g

1 Mettete la torta in un robot da cucina con il gancio per impastare e mescolate a bassa velocità fino a sbriciolarla. Aggiungete la farcitura e gli aromi da voi scelti e mescolate lentamente fino a ottenere una palla solida e omogenea. Se l'impasto si sbriciola ancora, aggiungete ancora un po' di farcitura fino a ottenere un risultato uniforme.

2 Staccate la quantità necessaria di impasto e datele la forma richiesta. Raffreddate in frigorifero fino a solidificare l'impasto. Prima di applicare la copertura di pasta di zucchero dovrete spennellare la superficie con un po' d'acqua bollita raffreddata o sciroppo di zucchero in modo da far aderire bene la pasta di zucchero.

Sciroppo di zucchero
(bagna)

Per pan di Spagna e varianti

Lo sciroppo di zucchero (bagna) è un ingrediente utile per assicurarsi che la torta rimanga morbida (cioè non si inaridisca) durante la lavorazione e, naturalmente, al momento di servirla. Quando preparate il vostro dolce, spennellate o spalmate lo sciroppo di zucchero con attenzione su ciascuno strato della torta, preferibilmente con un pennello per dolci in silicone e prima di mettere la farcitura. Lo sciroppo penetra lentamente nella pasta fino a distribuirsi in modo uniforme in tutta la torta. Io spennello lo sciroppo anche sulla parte superiore e sui lati della torta subito prima di mettere la crema di copertura, perché trovo che in questo modo si distribuisca meglio.

Alcuni cake decorator preferiscono spennellare generosamente lo sciroppo, mentre altri hanno la mano più leggera: dipende interamente dai gusti personali. A mio parere, un eccesso di sciroppo di zucchero può rendere troppo dolce la torta, perciò vi consiglio la seguente quantità per un dolce da 25 cm. Naturalmente potete metterne di più: molti decoratori ne utilizzano infatti una quantità doppia.

Ingredienti

115 g di zucchero semolato

125 ml d'acqua

5 ml (1 cucchiaino) di aroma (facoltativo)

Dosi per 240 ml

1 Versate lo zucchero pesato in una pentola insieme all'acqua. Cuocete a fuoco lento e portate a ebollizione, mescolando con cura. Non perdete di vista la cottura, perché lo zucchero brucia facilmente. Lasciate bollire per un minuto per assicurarvi che tutti i granuli di zucchero si sciolgano completamente. Togliete dal fuoco e lasciate raffreddare.

2 Conservate in un contenitore ermetico in frigorifero. Utilizzate entro un mese.

3 Aromatizzare lo sciroppo di zucchero non è indispensabile ma se avete fatto una torta aromatizzata, una bagna con un gusto simile potrà arricchirne notevolmente il sapore. L'aroma più diffuso è la vaniglia ma anche varie marmellate di frutta senza semi possono dare ottimi risultati.

Crema al burro

Farcitura molto versatile e la preferita di molti, la crema al burro è deliziosa. Alcune ricette consigliano di farla con il burro salato ma trovo che venga molto più cremosa quando si usa il burro tradizionale. Io ci aggiungo del latte, che rende la crema al burro più chiara e molto più leggera nella consistenza, ma se preferite una crema al burro più solida e gialla potete escludere il latte e aggiungere un po' meno di zucchero a velo. La ricetta base può essere aromatizzata a seconda dei vostri gusti.

Ingredienti

175 g di burro ammorbidito

30-45 ml (2-3 cucchiai) di latte

5 ml (1 cucchiaino) di aroma (facoltativo)

450 g di zucchero a velo, setacciato

Dosi per circa 625 g

1 Mettete il burro ammorbidito, il latte e l'aroma in un frullatore. Frullate a velocità media e aggiungete poco per volta lo zucchero a velo. Mescolate fino a ottenere un impasto leggero, spumoso e chiaro.

2 Conservate in un contenitore ermetico e utilizzate entro 10 giorni. Prima dell'uso, riportate la miscela a temperatura ambiente e montatela nuovamente.

Varianti base per la crema al burro

Cioccolato
Mescolate con 145-200 g di cioccolato fuso e raffreddato fondente, al latte o bianco.

Arancia o limone
Aggiungete 30-45 ml (2-3 cucchiai rasi) di crema al limone o all'arancia.

Caffè
Aggiungete 30-45 ml (2-3 cucchiai) di essenza di caffè.

Lampone
Aggiungete 30-45 ml (2-3 cucchiai rasi) di confettura di lamponi senza semi.

Mandorla
Aggiungete 5 ml (1 cucchiaino) di essenza di mandorla.

Ganache al cioccolato

È una ricca farcitura e copertura al cioccolato che si solidifica, creando un'ottima superficie per la copertura con la pasta di zucchero. Lasciatela raffreddare per 24 ore a temperatura ambiente o raffreddate in frigorifero per una notte. Quando sarete pronti per usarla, riportatela a temperatura ambiente e montatela bene.

Le ricette illustrate di seguito permettono di ottenere una quantità sufficiente per i progetti di questo libro, più una piccola scorta utile in caso di bisogno.

Ingredienti

300 g di cioccolato fondente da copertura

300 ml di panna da montare o panna per dolci

Dosi per circa 520-540 g

400 g di cioccolato fondente da copertura

400 ml di panna per dolci

Dosi per circa 720-740 g

1 Sciogliete il cioccolato in una ciotola messa in una pentola di acqua calda (a bagnomaria) a 40°.

2 Versate la panna in una pentola e portate a ebollizione per due o tre minuti. Lasciate raffreddare leggermente la panna, per circa cinque minuti, quindi mescolatela con il cioccolato fuso fino a ottenere un impasto uniforme. La miscela deve essere densa e lucida.

3 Lasciate raffreddare completamente la ganache, trasferitela in un contenitore ermetico e tenetela in frigorifero. Utilizzatela entro un mese.

Pasta di zucchero

La pasta di zucchero è facilmente reperibile su Internet e nei negozi di decorazione di dolci. Ogni marca si differenzia leggermente per consistenza, gusto e malleabilità, perciò provatene diverse fino a trovare quella più adatta a voi. Se preferite prepararla voi stessi, vi consiglio di seguire questa ricetta.

Ingredienti

1 chiara d'uovo ottenuta da albume disidratato

30 ml (2 cucchiai) di glucosio liquido

625 g di zucchero a velo (impalpabile)

Un po' di grasso vegetale bianco, se necessario

Un pizzico di polvere di CMC*

Dosi per 625 g

*NOTA. CMC è l'abbreviazione di carbossimetilcellulosa, un addensante commestibile ampiamente utilizzato nell'industria alimentare. Il CMC che utilizzate deve essere destinato a uso alimentare. Alcune marche: SK CMC, Debbie Brown's Magic Powder (CMC), Tylose, Tylopur, Tylo e Sugarcel. In alternativa potete utilizzare SK Gum Tragacanth, gomma adragante, un prodotto naturale.

1 Mettete la chiara d'uovo e il glucosio liquido in una ciotola, utilizzando un cucchiaio caldo per versare il glucosio liquido.

2 Setacciate nella ciotola lo zucchero a velo, aggiungendolo poco per volta e mescolando fino ad addensare l'impasto.

3 Versate l'impasto su una superficie di lavoro cosparsa con abbondante zucchero a velo e impastate fino a ottenere una pasta morbida, liscia e flessibile. Se l'impasto è un po' secco e friabile, mescolatevi un po' di grasso vegetale bianco e impastate nuovamente. Se l'impasto è troppo morbido e appiccicoso, aggiungete ancora un po' di zucchero a velo. Aggiungete un pizzico di CMC per rendere più elastico l'impasto.

4 Trasferite immediatamente l'impasto in un sacchetto di polietilene per alimenti e conservate in un contenitore ermetico. Mantenete fresco l'impasto, a temperatura ambiente o in frigorifero se la temperatura è elevata. Riportate a temperatura ambiente e impastate bene prima dell'uso.

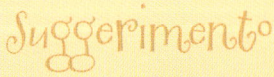

Suggerimento

Per risparmiare tempo quando decorate una torta, potete surgelare per un massimo di tre mesi la pasta di zucchero fatta in casa. Lasciatela scongelare completamente a temperatura ambiente prima dell'uso.

Ghiaccia reale

La ghiaccia reale si usa per creare piccoli dettagli con il piping e per far aderire tra loro i pezzi di zucchero: una volta asciutta mantiene gli elementi ben saldi. La ghiaccia reale pronta si trova nei negozi di articoli di decorazioni per torte, anche in polvere (seguite le istruzioni riportate sulla confezione). Se preferite prepararla da voi, potete seguire questa ricetta.

Ingredienti

5 ml (1 cucchiaino raso) di albume d'uovo in polvere

15 ml (3 cucchiaini) di acqua bollita raffreddata

65-70 g di zucchero a velo (impalpabile)

Dosi per 75 g

1 Mettete l'albume d'uovo in una ciotola. Aggiungete l'acqua e mescolate fino a scioglierlo.

2 Montate con lo zucchero a velo, aggiungendolo poco per volta, fino a ottenere un impasto solido e brillante, che forma dei picchi quando vi si immerge e si estrae il cucchiaio.

3 Per impedire che la ghiaccia crei una crosticina in superficie, mettete un panno umido sopra la ciotola fino al momento di usarla o di trasferirla in un contenitore ermetico e metterla in frigorifero.

Pasta per modellazione

Questa ricetta facile e veloce permette di preparare una pasta per modellazione di qualità. Se avete poco tempo o preferite usare una pasta pronta, SK Mexican Modelling Paste è pronta per l'uso e dà buoni risultati.

Ingredienti

450 g di pasta di zucchero

5 ml (1 cucchiaino raso) di CMC in polvere

Dosi per 450 g

Impastate la CMC con la pasta di zucchero. La pasta inizierà ad addensarsi non appena la CMC verrà assorbita quindi potrà essere usata immediatamente. La pasta continuerà ad addensarsi progressivamente per 24 ore. La quantità di CMC da impiegare può variare a seconda dell'uso, oltre che della temperatura e dell'umidità dell'ambiente, perciò regolatevi in modo da ottenere la consistenza che vi interessa. Conservate in un contenitore a chiusura ermetica.

Colla commestibile

Questa ricetta permette di preparare una colla di zucchero forte che dà eccellenti risultati. In alternativa potete acquistare colla di zucchero pronta nei negozi di articoli per la decorazione dei dolci.

Ingredienti

1,25 ml (¼ di cucchiaino) di CMC in polvere

30 ml (2 cucchiai) di acqua bollita, lasciata intiepidire

Dosi per 30 ml (2 cucchiai)

1 Mescolate la CMC in polvere con l'acqua tiepida e lasciate che la polvere si sciolga completamente. La colla deve essere uniforme e avere una consistenza morbida e fluida. Se si indurisse dopo alcuni giorni, aggiungete qualche altra goccia di acqua bollita.

2 Conservate in frigorifero in un contenitore ermetico e utilizzate entro una settimana.

3 Per usare la colla, stendetene un sottile strato sulla superficie dell'elemento che volete incollare, attendete per qualche istante che diventi appiccicosa e fate aderire l'elemento esercitando una lieve pressione.

Bastoncini di pastillage

Sono dei bastoncini tagliati o arrotolati di pastillage o pastigliaggio, una pasta che si asciuga rapidamente mantenendo la forma e acquisendo un'estrema durezza quando si solidifica. I bastoncini di zucchero vengono utilizzati come supporti commestibili, soprattutto per mantenere al loro posto le teste modellate. Se avete poco tempo, potete utilizzare spaghetti crudi per le parti più piccole o bastoncini in carta per lecca-lecca dove è necessario un supporto più solido. In entrambi i casi, ricordate di rimuovere i supporti prima di consumare i dolci.

Ingredienti

5 ml (1 cucchiaino raso) di ghiaccia reale di consistenza solida

1,25 ml (¼ di cucchiaino) di CMC

Zucchero a velo da spolverizzare

Dosi per circa 10-20 bastoncini

1 Mescolate la CMC con la ghiaccia reale fino a ottenere un impasto consistente. Se l'impasto è umido, impastatelo con un po' di zucchero a velo fino a renderlo morbido e modellabile.

2 Arrotolate l'impasto e tagliatelo in strisce di dimensioni diverse con un coltello non seghettato, oppure modellate dei salsicciotti di impasto delle dimensioni richieste. Lasciate asciugare, preferibilmente per una nottata, su un foglio di spugna per uso alimentare. Quando i bastoncini saranno completamente asciutti, conservateli in un contenitore ermetico.

Suggerimento

Questi bastoncini si possono usare al posto dei bastoncini in carta per lecca-lecca in tutte le ricette illustrate nel libro. Tenete presente però che i bastoncini in carta sono leggermente più robusti e sono in grado di sostenere un peso maggiore; diversamente dallo zucchero, inoltre, non assorbono l'eventuale umidità.

attrezzatura base

Sono numerosi gli attrezzi che possono esservi utili per ottenere ottimi risultati con i vostri dolci. Se possedete già strumenti da pasticceria o conoscete un buon rivenditore locale, non esitate a servirvi di ciò che avete già. Io notoriamente non utilizzo troppi strumenti e tengo sempre presente che i lettori di altri Paesi potrebbero non avere a disposizione la scelta offerta dalla Gran Bretagna. Di solito uso solo ciò che è strettamente necessario e le poche attrezzature specialistiche che consiglierei di comprare: strumenti che uso di continuo, i preferiti della mia cassettina degli attrezzi.

Ogni progetto è accompagnato da un elenco degli strumenti necessari per decorare la torta ma i seguenti strumenti sono quelli di base per cominciare. A pagina 112 trovate un elenco dei distributori consigliati.

1 Teglie/pirottini per cupcake
Le teglie in metallo sono in vendita nei negozi di casalinghi e decorazione di torte, oltre che in alcuni supermercati. Possono avere le forme e le dimensioni più diverse. Per i dolci più piccoli potete scegliere tra le ciotole pirofile, quelle in silicone flessibile, tortiere per minicake e pirottini per cupcake, a seconda del progetto.

2 Strumento punte a palla
Se premuto all'interno di un impasto morbido, questo strumento crea un avvallamento a forma di cerchio perfetto. Una variante dello strumento permette di ottenere una forma a goccia con il retro della punta. Entrambi sono utili per la modellazione di personaggi e animali.

3 Vassoi per torte di diversi spessori
I vassoi per torte da 15 mm di spessore, adatti all'uso alimentare, sono leggeri ma abbastanza robusti da reggere un dolce pesante. Quelli più sottili (5 mm) sono comunque robusti e possono essere utilizzati come alternativa. Quelli ancor più sottili si usano quando si sovrappongono le torte, per reggere i bastoncini di sostegno

e sotto i minicake per proteggere la superficie sottostante. Qualunque tipo usiate, vi consiglio di ricoprirli con un doppio strato di cellophane per evitare che si affloscino per effetto dell'umidità dei dolci. Un'ulteriore alternativa è offerta dai vassoi per pizza, che presentano un rivestimento per uso alimentare su entrambi i lati. Negli Stati Uniti si trovano più facilmente basi in polistirolo e plastica. Potete scegliere ciò che preferite: l'importante è che il materiale usato per separare i dolci sia destinato all'uso alimentare.

4 Palette
Vi aiuteranno a creare una finitura uniforme e professionale nella copertura dei dolci e nell'applicazione della pasta di zucchero. È utile averne due, in modo da poterne tenere una in ogni mano, in particolare per poter creare angoli dritti esercitando una lieve pressione da entrambi i lati.

5 Stampini
Esistono numerosi stampini (detti anche coppa pasta) diversi: io tendo a usare quelli a forma di fiore (petali di rosa, margherite) o con altre forme semplici

(cerchi, cuori, quadrati). Gli stampini a espulsione sono ideali per le figure più piccole. Qualora siano necessari specifici stampini, saranno indicati nei singoli progetti.

6 Bacchette di sostegno
Dette anche dowel, come in inglese, sono indispensabili come supporti per le torte più grandi e possono essere utilizzate anche come sostegni interni per le figure modellate di grandi dimensioni. Io uso sempre bacchette di plastica e non di legno. Il numero di bacchette di sostegno richieste è indicato in ciascun progetto ma è sempre utile averne qualcuna a disposizione.

7 Forbicine a punta
Possono essere utilizzate in alternativa al coltello per ritagliare piccole ciocche di capelli sulle figure modellate o per ritagliare le dita.

8 Superficie anti-aderente
Non è indispensabile averla, ma su una superficie anti-aderente è più facile stendere la pasta di zucchero. Sarà comunque necessario cospargerla di zucchero a velo per impedire che l'impasto aderisca, ma ho notato che ne occorre molto meno rispetto a

quando si lavora sul piano della cucina.

9 Pennelli

Io uso sempre pennelli artistici di qualità, perché tengono bene il colore e la colla di zucchero. Le setole inoltre non lasciano segni sulla superficie della pasta di zucchero. Uso i pennelli anche per raccogliere gli oggetti più piccoli senza schiacciarli. Nei negozi di articoli per la decorazione di dolci ne troverete di diverse dimensioni: usate i pennelli tondi per dipingere e quelli piatti per spolverizzare (i tipi specifici da usare sono indicati in ciascun progetto).

10 Tavolozza

Una tavolozza è sempre utile per mescolare i colori, oltre che per tenere a portata di mano piccole quantità di colla, acqua o una bevanda alcolica trasparente per diluire.

11 Spatole (piatte e a gomito)

Una spatola piatta è utile per distribuire la farcitura o la copertura su un dolce. Se utilizzate una spatola a gomito, assicuratevi di usare il dorso (tenendo la curva della lama rivolta verso l'alto). Una spatola a gomito può essere utile anche per sollevare piccoli oggetti dalla superficie anti-aderente o dal piano di lavoro.

12 Bastoncini in carta per lecca-lecca

Sono utilissimi per sostenere le teste delle figure; sono più piccoli delle bacchette di sostegno ma più robusti dei bastoncini di zucchero e degli spaghetti (vedi pagina 15). Ricordate sempre di rimuovere tutti i sostegni non commestibili prima di consumare la torta.

13 Tasca

La tasca da pasticciere è necessaria quando si utilizza la ghiaccia reale e per iniettare la farcitura nei dolcetti o nei cupcake. Potete acquistarle in un negozio di articoli per dolci o, se preferite, costruirvene una da soli. Potete utilizzarla da sola o con un beccuccio (vedi sotto).

14 Beccucci per il piping
(varie dimensioni)

In questo libro vengono utilizzati beccucci di varie dimensioni, per il piping o per la creazione di piccoli cerchi. Le dimensioni sono indicate nell'elenco degli strumenti che accompagna ciascun progetto.

15 Strumento per modellazione a punta o CelStick

Sebbene la maggior parte dei pennelli abbia manici appuntiti a un'estremità, che spesso utilizzo per creare rientranze nella pasta di zucchero (e la maggior parte dei cake decorator dispone di questi pennelli), è utile avere uno strumento per modellazione a punta o CelStick: la forma è simile ma il materiale è liscio e anti-aderente.

16 Nastro

Per dare un aspetto professionale ai vostri dolci, decorate sempre la base del vassoio con nastro coordinato. Un nastro dello spessore di 15 mm si adatta alla perfezione a un vassoio per torte e può essere applicato con colla stick non tossica o nastro biadesivo (vedi pagina 21).

17 Mattarelli

I mattarelli in polipropilene grandi e piccoli sono un ottimo investimento: sono resistenti e durano anni se vengono conservati con cura. Usatene uno grande per tirare la copertura della torta e uno piccolo per le decorazioni più minute.

18 Righello

È sempre utile avere un righello a portata di mano per procedere con precisione nel ritagliare e decorare le torte. Tenetene uno da utilizzare esclusivamente per la preparazione dei dolci.

19 Coltello piccolo a lama piatta e coltello grande seghettato

Il coltello piccolo vi servirà per tagliare e rifinire le paste pronte da tirare (come la pasta di zucchero e la pasta per modellazione). Assicuratevi che il manico non ostacoli i vostri movimenti durante il taglio. Il coltello grande seghettato vi servirà per tagliare la torta per farcirla.

20 Dosatore

Non è indispensabile dal momento che lo zucchero a velo si può spargere facilmente a mano ma è molto utile quando si tratta di spianare l'impasto. Sceglietene uno il cui coperchio abbia fori piuttosto grossi.

21 Piatto girevole

Un piatto girevole vi permette di lavorare sui lati di una torta senza doverla spostare. Assicuratevi che il piatto da voi scelto abbia un'altezza sufficiente, cioè che sollevi la torta a un'altezza che vi risulti comoda. I piatti girevoli in metallo sono più resistenti ma quelli di plastica di qualità sono più facili da reperire. Tutti i piatti girevoli sono in grado di reggere un peso notevole ma assicuratevi che quello da voi usato mantenga la torta ben dritta, senza oscillazioni.

Ci sono anche altri strumenti che potrebbero risultarvi utili:

• Tagliatorta (leveller), per assicurarvi che i dolci siano ben piatti prima di inserire la farcitura.
• Bastoncini da cocktail o stuzzicadenti, per creare bordini ondulati e fare piccoli fori. Sono utili anche per colorare gli impasti (vedi pagina 23).
• Taglierino, per tagliare piccoli pezzi di pasta per modellazione.
• Superficie in spugna per uso alimentare, per farci asciugare i pezzi di zucchero.
• Pennello da pasticciere, per distribuire lo sciroppo di zucchero e la farcitura.

tecniche base

Tutti i progetti illustrati in questo libro richiedono la sovrapposizione di torte, la loro copertura e la loro farcitura con la crema prescelta (vedi pagine 12-13). Seguendo queste semplici istruzioni otterrete una superficie uniforme su cui lavorare e di conseguenza un risultato ottimale al momento della decorazione del dolce. Di seguito trovate anche delle linee guida per altre tecniche elementari di decorazione dei dolci, che vi aiuteranno a ottenere risultati grandiosi.

Preparazione della torta

1 Eliminate la crosta della torta e livellatene la parte superiore con un coltello seghettato o un tagliatorta. Tagliate da due a quattro strati nel dolce (un modo facile e veloce per farlo consiste nell'usare un tagliatorta, che vi permetterà di ottenere facilmente il numero di strati desiderato) e spennellate ciascuno strato con sciroppo di zucchero per renderlo morbido e "umido" (vedi pagina 12). Sovrapponete gli strati disponendo tra di essi uno strato di farcitura dello spessore massimo di 0,5 cm.

2 Spennellate altro sciroppo di zucchero sulla superficie della torta prima di applicare la crema di copertura.

3 Utilizzando una spatola grande, distribuite uno strato uniforme di crema di copertura (la stessa usata per la farcitura) sulla superficie del dolce. Distribuitela in modo uniforme, così da coprire gli eventuali spazi vuoti e creare una superficie liscia. Se si formassero delle briciole, aggiungete ancora un po' di farcitura e livellate la superficie.

4 Lasciate riposare la torta o tenetela in frigorifero fino al momento in cui sarete pronti per ricoprirla con la pasta di zucchero (vedi pagina 20). Prima di mettere la pasta di zucchero, ripassate la superficie con la spatola per ammorbidire la crema di copertura, in modo da permettere alla pasta di zucchero di aderire, oppure spennellate sulla superficie un po' di sciroppo di zucchero.

Ricoprire la torta con la pasta di zucchero

Copertura con un unico pezzo di pasta di zucchero (adatta alla maggior parte dei dolci):

1 Impastate la quantità necessaria di pasta di zucchero su una superficie anti-aderente cosparsa di zucchero a velo. Continuate a ruotare l'impasto fino a creare una forma uniforme e fate attenzione che non si attacchi al piano di lavoro. Non rovesciate l'impasto, perché lo zucchero a velo sottostante potrebbe macchiarne la superficie.

2 Utilizzando un mattarello grande, misurate sommariamente l'area della torta da coprire (cioè la parte superiore e i lati) e tirate la pasta di zucchero dandole le dimensioni richieste e uno spessore di circa 3 mm.

3 Cospargete leggermente la superficie della pasta di zucchero con zucchero a velo per impedire che si attacchi. Per sollevare la pasta, disponete delicatamente il mattarello al centro e piegateci sopra la pasta con cura. In questo modo eviterete che si deformi e che si laceri. Sollevatela delicatamente e disponetela sulla torta.

4 Spianate la copertura sul dolce e intorno a esso con il palmo della mano, premendo delicatamente sui lati per eliminare le eventuali bolle d'aria.

5 Quando avrete spianato la parte superiore e i lati del dolce, tagliate la pasta di zucchero in eccesso dalla base del dolce utilizzando un coltello non seghettato. Ripassate delicatamente la superficie con una paletta per rimuovere le eventuali imperfezioni e ottenere una superficie liscia. Dopo aver reso lisci i lati, potrebbe essere necessario tagliare nuovamente la pasta intorno alla base per ottenere un contorno netto.

6 Se dovete lavorare la pasta di zucchero quando è ancora morbida, fatelo subito. Altrimenti, lasciate riposare la torta coperta di pasta di zucchero per diverse ore: otterrete così una superficie solida su cui lavorare.

Suggerimento

A volte, specie quando ricoprite un dolce dalla forma insolita, potreste imbattervi in una piega particolarmente coriacea nella pasta di zucchero. Spesso è più veloce stringere la piega e tagliare la pasta in eccesso piuttosto che tentare di spianarla ed eliminarla. Per eliminare il segno del taglio, premete i due lembi insieme pizzicandoli con delicatezza e massaggiateli con le dita fino a eliminare la giuntura. Cospargendovi le dita con un po' di zucchero a velo vi sarà più facile eliminare completamente la giuntura.

Copertura separata per la parte superiore e i lati (adatta per le torte che richiedono spigoli netti):

1 Tirate la pasta di zucchero come descritto al punto 1 della copertura con un unico pezzo di pasta di zucchero. Questa volta, invece di stendere la pasta di zucchero nelle dimensioni sufficienti a coprire l'intero dolce, preparatene un pezzo che corrisponda solo all'area che intendete ricoprire. Tagliate una forma precisa, utilizzando se necessario una sagoma di riferimento o misurandola attentamente con un righello.

2 Utilizzando una spatola, sollevate la pasta delicatamente, per evitare che si laceri o che la forma si distorca, e applicatela sulla torta. Tagliatela a misura se necessario e chiudete con le dita le eventuali suture. Se il pezzo di pasta è molto lungo (per esempio se deve circondare l'intero perimetro del dolce), cospargete delicatamente la superficie con zucchero a velo, arrotolate la pasta e disponetene l'estremità contro la torta, per poi srotolarla lungo i lati.

3 Lasciate riposare per diverse ore.

Copertura dei vassoi per torte

1 Inumidite leggermente la superficie del vassoio con un po' d'acqua bollita lasciata raffreddare, utilizzando un pennello da pasticcere.

2 Impastate la pasta di zucchero e tiratela su una superficie antiaderente cosparsa di zucchero a velo. Assicuratevi che lo strato di pasta sia abbastanza grande da coprire il vassoio e non più spesso di 2-3 mm. Quando tirate la pasta, spostatela per evitare che si attacchi ma non rovesciatela.

3 Piegate delicatamente la pasta di zucchero sul mattarello, sollevatela e posizionatela sul vassoio. Spianate delicatamente la parte superiore del vassoio con una paletta.

4 Tenendo il vassoio con una mano, usate un coltello non seghettato per tagliare la pasta in eccesso intorno al bordo o, se preferite ottenere un risultato leggermente arrotondato, ripassate il contorno del vassoio con una paletta fino ad assottigliare la pasta e a renderla più facile da staccare.

5 Per terminare la copertura del vassoio dovrete decorare il bordo con un nastro coordinato dello spessore di 15 mm (leggermente più spesso del vassoio, in modo da lasciare spazio per lo spessore della copertura in pasta di zucchero). Misurate la lunghezza necessaria per circondare l'intero vassoio, calcolando 2 cm in più per sovrapporre il nastro sul retro.

6 Spalmate di colla stick non tossica il contorno del vassoio, facendo attenzione a non toccare la copertura in pasta di zucchero. Se preferite potrete usare del nastro biadesivo. Iniziando dal retro del dolce, incollate il nastro intorno al bordo del vassoio, facendo scorrere un dito lungo la parte inferiore per mantenere liscio il nastro. Sovrapponete leggermente il nastro e tagliate la parte in eccesso in corrispondenza della sutura. Assicuratevi che la sutura si trovi sul retro della torta.

Inserimento dei sostegni in una torta

Se la torta è a due o più piani o è particolarmente alta, dovrete rinforzare i piani inferiori, dopo averli ricoperti, per assicurarvi che la torta mantenga un aspetto uniforme e rimanga ben bilanciata.

1 Create una sagoma della parte superiore del dolce in carta da forno e piegatela a metà per due volte in modo da individuarne il centro. Disegnate un cerchio sulla carta, intorno al punto centrale: il cerchio dovrà corrispondere per forma e dimensioni alla torta che andrete a sovrapporre come secondo livello, in modo da sostenerla. Segnate i punti in cui inserire le bacchette di sostegno a distanze regolari lungo il perimetro del cerchio: il numero delle bacchette dipenderà dalle dimensioni della torta e dal numero dei piani (i dettagli sono indicati in ciascun progetto).

2 Utilizzando la sagoma e uno strumento a punta (o la punta di un coltello), segnate la posizione delle bacchette sulla superficie della torta. Inserite le bacchette di plastica nel dolce, assicurandovi di metterle dritte e di farle penetrare fino al vassoio. Servendovi di una matita, fate un segno su ogni bacchetta appena sopra il livello della copertura in pasta di zucchero, assicurandovi di non toccare la pasta di zucchero con la matita. In alternativa, incidete attentamente ogni bacchetta con un coltello.

3 Rimuovete le bacchette e disponetele su una superficie di lavoro allineandone le estremità inferiori. I segni potrebbero essere ad altezze diverse, perciò trovate quello più in basso e segnate tutte le bacchette nello stesso punto con un taglierino (in questo modo vi assicurerete che la torta stia dritta, non si inclini e non abbia spazi vuoti). Spezzate le bacchette dando loro la lunghezza giusta (se utilizzate quelle di plastica; altrimenti, tagliatele) e reinseritele nei fori del dolce; dovranno risultare allineate con la superficie della torta (o appena sotto di essa se ha una forma irregolare).

Copertura dei minicake con pasta di zucchero

I minicake sono apprezzati in qualsiasi festa, al posto di una torta più grande o come accompagnamento e, se presentati bene, sono molto eleganti. Per ogni progetto sono indicati dei suggerimenti per minicake coordinati con lo stile della torta principale: potrete utilizzarli come ispirazione o inventarne voi stessi.

È possibile preparare minicake di numerose forme diverse, per esempio quadrati o rotondi. Potete ritagliarli da una torta utilizzando stampini profondi di buona qualità ma vi consiglio di utilizzare le teglie e gli spaziatori di Squires Kitchen, disponibili presso i negozi di articoli per decorazione di dolci (vedi pagina 112). Si tratta di teglie specifiche che facilitano il compito, eliminano gli sprechi e garantiscono forma e dimensioni corrette, a prescindere dal numero di minicake richiesto. Le teglie in silicone sono utili per le forme più insolite, come sfere e cupole, dal momento che permettono di estrarre facilmente i dolci.

NOTA BENE: Assicuratevi di rimuovere le bacchette e gli altri elementi non commestibili dal dolce prima di servirlo.

Uso dei coloranti

I coloranti alimentari sono disponibili in forma liquida, come vernici, in pasta e in polvere. I colori liquidi e le vernici si usano generalmente per dipingere sullo zucchero; le paste sono ideali per colorare le coperture (come la pasta di zucchero e la pasta per modellazione) e la ghiaccia reale; le polveri possono essere spennellate sulle superfici di zucchero o mescolate con alcol bianco per creare una vernice ad asciugatura rapida.

Squires Kitchen produce una vasta gamma di colori per dolci e decorazioni alimentari. Tutti i colori di questa marca sono commestibili, resistenti alla luce, privi di tartrazina e di glicerina e immediatamente disponibili presso Squires Kitchen (vedi pagina 112) o presso i negozi italiani di articoli di decorazione di torte. Se non utilizzate paste e coperture pre-colorate dovrete colorarle almeno due ore prima di iniziare un progetto per consentire al colore di fissarsi.

1 Se necessario, tagliate uno o due strati nel dolce, a seconda delle dimensioni e della forma richieste. Per creare delle sfere, unite due dolci a forma di cupola delle stesse dimensioni con della farcitura. Ricoprite la tortina con crema di copertura/farcitura (vedi ricette alle pagine 12-13).

2 Tirate la pasta di zucchero un po' di più di quanto fareste per una torta di grandi dimensioni, dandole uno spessore di circa 2 mm, quindi ricoprite normalmente (pagine 20-21). Con una paletta, lisciate la parte superiore e i lati del minicake.

3 Tagliate con precisione la pasta intorno alla base del minicake. Per lavorare più velocemente potete usare uno stampino cavo della stessa forma del minicake e leggermente più largo per ritagliare la base in modo preciso. Mettete lo stampino sul minicake, premetelo sulla pasta in eccesso intorno alla base e rimuovetelo.

4 Mettete ciascun minicake su un vassoietto per torte o su un foglio di carta forno tagliato a misura per proteggerlo e chiuderlo, quindi decorate come necessario.

Suggerimento

I minicake sono ideali da dare agli ospiti da portare a casa. Decorateli come indicato, quindi inseriteli in scatoline o sacchetti di cellophane chiusi con nastro coordinato.

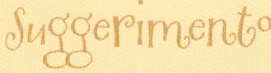

Suggerimento

I colori in pasta per alimenti sono concentrati, perciò aggiungete solo una piccolissima quantità di colore per volta utilizzando uno stuzzicadenti, fino a ottenere la tinta desiderata. Mescolate il colore alla pasta impastandolo bene e lasciate 'riposare' il tutto in un sacchetto di polietilene per uso alimentare ermetico per un paio d'ore prima di utilizzarlo.

giorno di bucato

Per questo progetto avevo pensato di usare un azzurro per il cielo e colori vivaci
per i panni ma alla fine ho scelto tonalità delicate di rosa e cioccolato chiaro, che offrono
un'alternativa elegante e alla moda.

Ingredienti

2 torte rotonde da 15 cm, alte 8 cm
(vedi ricette alle pagine 6-9)

Una torta rotonda da 10 cm, alta 8 cm
(vedi ricette alle pagine 6-9)

50 g di pasta di torta per ogni cesto da
bucato (vedi ricetta a pagina 11)

450 g di copertura/farcitura (vedi ricette
alle pagine 12-13)

Pasta di zucchero:

   315 g rosa/beige (ottenuta con il rosa e
   un pizzico di marrone)

   900 g beige (colorata con un pizzico di
   marrone)

   30 g rosa chiaro

Pasta per modellazione:

   30 g beige medio

   10 g marrone

   5 g rosa scuro

   45 g marrone chiaro

   30 g rosa chiaro

   15 g beige tenue

   30 g bianca

45 g di ghiaccia reale

Colorante alimentare in pasta o liquido:
nero, marrone, rosa (SK)

Colla commestibile (vedi ricetta a pagina
15) (SK)

Attrezzatura

Attrezzatura base (vedi pagine 16-18)

Vassoio per torte rotondo da 30 cm

2 vassoi per torte rotondi sottili da 12 cm e
1 da 8 cm

6 bacchette di sostegno in plastica per torte

Pennello fine e pennello medio

Carta forno

Cartamodello (vedi pagina 111)

Stampino a fiore

Stampino circolare da 1 cm

Set di mini stampini con fiori e cuori

Beccucci per il piping: n. 1, 1.5, 4 (PME)

Qualche stuzzicadenti

Vassoio

1 Impastate la pasta di zucchero rosa/
beige finché non la sentite morbida e
flessibile. Spolverizzate il piano di lavoro
di zucchero a velo. Spargetene un po'
sulla superficie della pasta di zucchero
e tiratela con il mattarello, sollevandola
e spostandola ogni volta che passate
il mattarello per evitare che si attacchi
al piano di lavoro. Dovrete raggiungere
uno spessore di 2-3 mm e dimensioni
sufficienti a poter ricoprire il vassoio.

2 Inumidite il vassoio con un po' d'acqua
precedentemente bollita e raffreddata o
con della colla commestibile, poi sollevate
la pasta e posizionatela sul vassoio.
Lisciate la superficie con una paletta,
eliminate la pasta di zucchero in eccesso
dal bordo del vassoio e mettete da parte
ad asciugare.

Torta

3 Tagliate la crosta da tutte le torte e
livellate le parti superiori, mettendo da
parte i ritagli. Tagliate degli strati in ogni
torta e sovrapponeteli nuovamente con
la farcitura, per il momento mantenendo
separate le singole torte. Disponete ogni
torta su un vassoio sottile separato.

4 Dal momento che la torta al piano

inferiore ha un'altezza doppia, deve essere rinforzata con bacchette di sostegno per evitare che si deformi. Infilate tre bacchette al centro di una delle torte più grandi, fino a raggiungere il vassoio su cui è appoggiata. Fate un piccolo segno su ciascuna bacchetta in corrispondenza della parte superiore del dolce e rimuovetela. Tagliate ogni bacchetta in corrispondenza del segno posto più in basso per assicurarvi che i piani successivi rimangano dritti.

5 Disponete la seconda torta rotonda da 15 cm sulla torta con i sostegni, fissandola con uno strato di farcitura sulla superficie. Spalmate la farcitura sull'intera superficie della torta per evitare che si stacchino delle briciole e fare sì che la pasta di zucchero aderisca bene. La torta dovrebbe misurare ora circa 14 cm di altezza. Distribuite uno strato di farcitura sulla torta più piccola procedendo nello stesso modo, quindi mettetela da parte.

6 Stendete 650 g di pasta di zucchero beige in modo da ricoprire completamente la torta inferiore, stendendola bene sui lati con un movimento dall'alto verso il basso. Lisciate la superficie con una paletta e

tagliate la pasta in eccesso intorno alla base. Sollevate con attenzione la torta e disponetela al centro del vassoio, fissandola lungo il contorno con un po' di colla commestibile.

7 Ricoprite la torta più piccola con la pasta di zucchero, come già fatto in precedenza. Rinforzate la parte superiore del dolce base, tagliando le bacchette in corrispondenza della copertura di pasta di zucchero, quindi disponete la torta più piccola sopra di essa, fissandola con colla commestibile.

Cesto da bucato

8 Mescolate un po' di briciole di torta e un po' di farcitura preparando della pasta di torta (vedi pagina 11). Per creare la forma del cesto, lavorate 50 g di pasta di torta fino a formare una palla. Assottigliate leggermente la parte in basso e premete sulla parte alta per appiattirla. Mettete un cerchietto di carta forno sulla base e refrigerate per cinque minuti per lasciar consolidare l'impasto.

9 Spennellate un po' di farcitura sulla

superficie per fare sì che la pasta di zucchero aderisca. Tirate sottile la pasta di zucchero rosa e ricoprite completamente il cesto, lisciando la superficie e i lati. Tagliate la pasta in eccesso intorno alla base. Fate due solchi nella superficie usando il retro della lama del coltello, quindi mettete da parte.

Filo per bucato

10 Tirate sottile la pasta per modellazione marrone chiaro e tagliatene delle strisce per creare i paletti del filo per bucato. Tagliate tre paletti alti 11 cm per il piano inferiore e tre alti 7,5 cm per quello superiore. Applicateli in posizione delicatamente, a distanze regolari, intorno al perimetro della torta e aggiungete sopra a ciascuno di essi una pallina appiattita. Incidete il filo tra i paletti utilizzando la punta di un coltello.

Futura mamma

11 Modellate la futura mamma utilizzando pasta per modellazione e seguendo il cartamodello. Modellate prima di tutto i

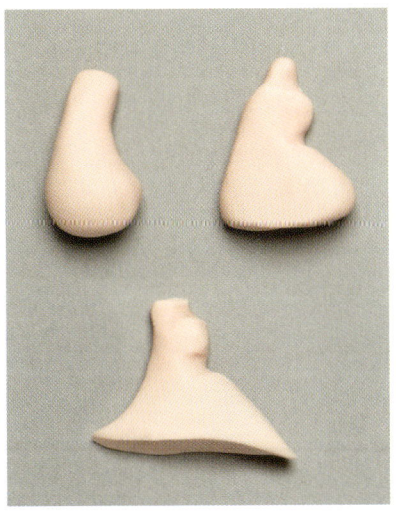

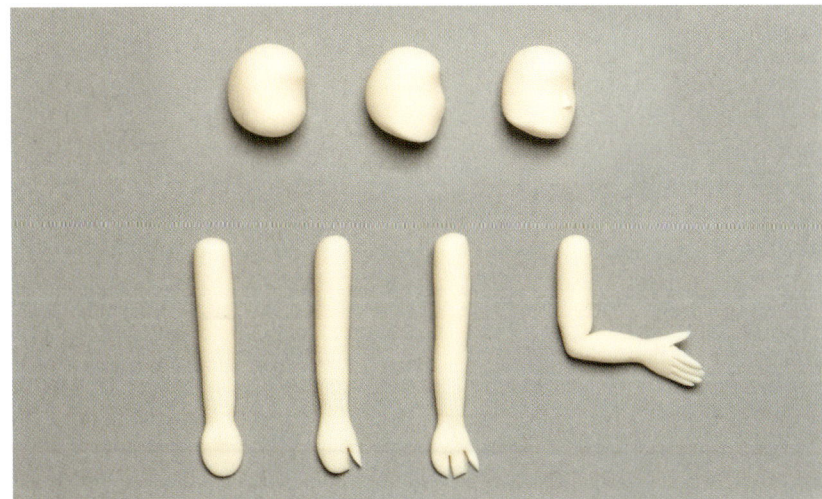

pantaloni, utilizzando 10 g di marrone chiaro: fate un salsicciotto di pasta, disponetelo sulla sagoma e stendetelo e spianatelo fino a riempire il contorno. Per creare la scarpa, lavorate una pallina di rosa chiaro per ottenere un salsicciotto e create una leggera rientranza al centro facendolo rotolare avanti e indietro. Mettete la scarpa in posizione sotto i pantaloni, quindi applicate il tutto alla torta con la colla commestibile.

12 Fate una forma a goccia per il pancione, utilizzando poco meno di metà della pasta per modellazione beige tenue, e fissatela in posizione, usando una minuscola pallina per l'ombelico. Utilizzando 5 g di rosa chiaro, modellate la maglietta. Incollate entrambi gli elementi alla torta.

13 Per fare il braccio, lavorate 2 g (un pizzico) di pasta per modellazione beige tenue formando un salsicciotto e arrotondatene un'estremità per creare la mano. Premete sulla mano per appiattirla leggermente e tiratela delicatamente alle due estremità per allungarla. Fate un taglio per il pollice, a metà tra la parte superiore della mano e il polso, quindi

fate altri tre tagli lungo la parte superiore per separare le dita. Piegate il braccio in corrispondenza del gomito spingendo davanti e tirando la parte posteriore.

14 Creare un piccolo collo con la pasta per modellazione beige tenue. Tagliate in due la pasta beige tenue rimasta e usate una metà per la testa. Formate una pallina e fatela rotolare delicatamente sulla superficie di lavoro in modo da appiattire l'area della faccia. Create una rientranza nell'area degli occhi con il manico di un pennello. Tirate delicatamente verso il basso l'area della bocca e pizzicate la pasta in eccesso così ottenuta su entrambi i lati per formare il mento. Aggiungete un piccolo naso a forma di goccia.

15 Aggiungete una goccia spianata di pasta per modellazione marrone per i capelli e tagliatela nella parte anteriore per formare le ciocche. Incollatene un pezzettino sul lato opposto, ripiegandone la parte inferiore per formare un ricciolo. Diluite del colorante per alimenti nero e rosa in acqua bollita raffreddata o usate un colore liquido per colorare gli occhi e la bocca, servendovi del pennello fine.

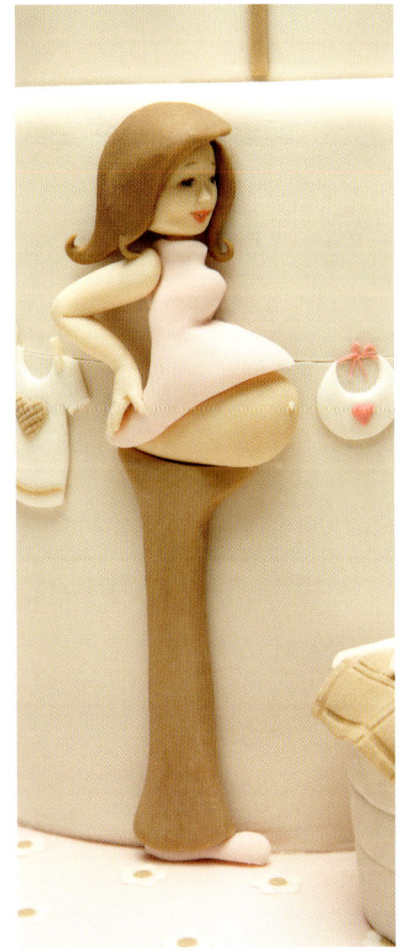

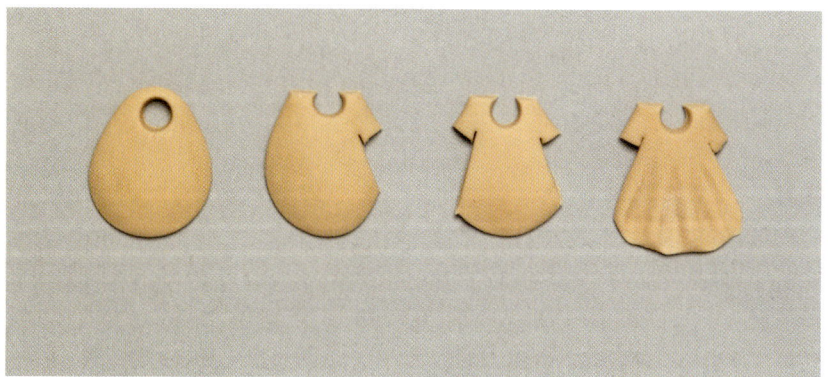

Vestiti dei bambini

16 Maglie: Tirate sottile la pasta per modellazione colorata e ritagliatene un pezzo quadrato od oblungo, a seconda della forma della maglia. Tagliate un semicerchio dalla parte superiore servendovi di un piccolo stampino circolare e tagliate ad angolo i due lati per creare l'esterno di ciascuna manica. Fate un taglio dritto sui due lati, arrivando fino a sotto il braccio, quindi tagliate la parte inferiore di ciascuna manica con un taglio netto.

17 Vestiti: Tagliate come per la maglia ma ruotate il manico di un pennello sulla parte inferiore per stirare la pasta e creare delle pieghe.

18 Calzoni: Tagliate una figura allungata, staccate dalla parte superiore un quadratino o un semicerchio e tagliate alla base per separare le gambe. Ripassate i bordi per ammorbidire i margini netti e aggiungete una piccola tasca circolare sul davanti, aprendola leggermente in alto.

19 Tutina da notte: Ritagliate una piccola forma allungata di pasta per modellazione, quindi tagliatela ai due lati per fare le maniche e fate un piccolo taglio alla base per separare le gambe. Assottigliate i piedi. Tracciate una riga al centro e

marcate dei bottoni, utilizzando la punta di uno stuzzicadenti. Create la decorazione e segnate i polsini. Aggiungete un collettino al taglio in alto utilizzando lo stampino circolare piccolo e tagliando via un triangolino dalla parte anteriore.

20 Calze: Lavorate dei pezzetti di pasta per modellazione grandi come un pisello creando dei piccoli salsicciotti e piegateli, appiattendo la zona del piede. Tagliate di netto la parte superiore di ciascuna calza.

21 Calzamaglia: Createla con un piccolo salsicciotto di pasta per modellazione. Premete per spianarla, tagliate al centro per separare le gambe e assottigliatela alla base per fare i piedi.

22 Copertine: Tagliate dei quadrati di diverse dimensioni da uno strato sottile di pasta. Incidete le linee e i punti utilizzando il retro di un coltello e uno stuzzicadenti o aggiungete fiori, strisce od orsacchiotti (vedi sotto).

Giocattoli

23 Orsacchiotto: Per fare l'orsacchiotto, formate una piccola goccia per la pancia e schiacciatela per appiattirla. Attaccate in basso due piccole forme ovali per fare i piedi e aggiungete due piccoli salsicciotti

per le braccia.

Fate una palla per la testa e una più piccola per il muso, incidendo la parte superiore con la punta di un coltello. Attaccate in alto le orecchie, facendoci una fossetta con l'estremità di un pennello. Aggiungete un piccolo naso ovale e create due cerchietti neri sottili per gli occhi, utilizzando un beccuccio per il piping da 1,5.

24 Coniglio: Per fare il coniglio procedete come per l'orsacchiotto e aggiungete sulla pancia una piccola goccia di pasta. Create le orecchie assottigliando dei salsicciotti, incidetele leggermente entrambe e riempite con il rosa. Aggiungete un naso rosa.

25 Uccelli: Per creare un uccello, fate una piccola forma a goccia per il corpo e incidetene l'estremità per fare le penne della coda. Fate due piccole gocce per le ali, quindi appiattitele e tagliate per creare le penne nella parte inferiore di entrambe. Per la testa, fate una pallina e aggiungete una forma a goccia rosa sulla faccia per fare il becco, usando un paio di forbici piccole per aprirlo. Create gli occhi con un beccuccio per il piping, come sopra.

Dettagli

26 Per fare i bottoni del vestito, fate due palline e spingete al centro di ciascuna la punta di un pennello. Mettetele in posizione e fate due fori al centro usando la punta di uno stuzzicadenti.

27 Per aggiungere forme e decorazioni ai vestiti, usate gli stampini a cuore e a fiore e servitevi dei beccucci per il piping per creare dei pois. Dividete in tre parti la ghiaccia reale e coloratele in marrone chiaro, rosa chiaro e rosa scuro. Mettete ogni colore in una tasca con un beccuccio n.1 e create nastri, linee e pois sui vestiti.

28 Per decorare il vassoio, tirate sottile della pasta per modellazione rosa chiaro e ritagliate delle forme a fiore con lo stampino a fiore medio. Tirate la pasta marrone chiaro e tagliate dei piccoli cerchi per il centro di ogni forma utilizzando un beccuccio n.4.

29 Tirate sottile la pasta beige tenue rimasta e ritagliate delle minuscole strisce per le mollette. Attaccatele in posizione con un po' di colla commestibile.

pacchettini con orsacchiotti

Elementi aggiuntivi/alternativi per ogni orsacchiotto:

Ingredienti

Tortina quadrata da 6 cm, alta 4 cm

Un po' di farcitura
(vedi ricette alle pagine 12-13)

Pasta di zucchero:

    15 g color crema o rosa chiaro

    (per la parte superiore)

    75 g marrone

Pasta per modellazione:

    10 g (per l'orso)

Attrezzatura

Vassoi per torte quadrati da 6 cm, sottili

Stampino quadrato da 6 cm (facoltativo)

Nastro lungo 30 cm, spessore 15 mm:
rosa chiaro

1 Mettete ogni tortina su un vassoio. Tagliate e riempite con uno strato di farcitura poi cospargete il dolce di crema di copertura/farcitura per far aderire la pasta di zucchero.

2 Ricoprite la parte superiore di ogni tortina con uno strato di pasta di zucchero del colore prescelto (a meno che vogliate creare la decorazione scozzese, vedi sotto), quindi incidete la decorazione usando un righello o un coltello. Aggiungete un orso modellato.

3 Per creare la decorazione scozzese, tirate la pasta del colore base, in questo caso il rosa chiaro. Tirate della pasta di altri due colori, per esempio il marroncino e il bianco, e tagliatela in strisce di larghezze diverse. Dato che queste strisce andranno premute nel primo strato di pasta, dovranno essere il più sottili possibile, altrimenti il motivo si deformerà. Posizionate prima le strisce marroni e quelle bianche. Premete delicatamente per assicurarvi che le linee siano ben fissate, quindi spianate delicatamente la superficie con un mattarello fino a renderla completamente liscia, facendo rientrare la decorazione. Aggiungete un orso modellato come sopra.

4 Tirate della pasta di zucchero marrone e ritagliate quattro quadrati da 6 cm, tirando leggermente gli angoli verso l'esterno. Potrete utilizzare lo stampino quadrato o misurare attentamente ciascun quadrato con un righello. Attaccate i quadrati ai lati del dolce, quindi fissate con nastro rosa chiaro spesso 15 mm.

Suggerimento

Per creare una divertente alternativa, potete decorare questi dolci con vari vestiti per bambini creati con la pasta per modellazione.

cesti da bucato in pasta di torta

Questi cestini sono carini anche come minicake a sé, riempiti di una miscela di pasta di torta. Per prepararli, procedete come per il cesto del dolce principale.

la cicogna

Le storie di cicogne che portano bambini sono bellissime ma progettare un dolce con un uccello in volo che regge qualcosa è piuttosto complicato, specie se si desidera ottenere il massimo effetto con il minimo sforzo. Qui, delle figure modellate semplici ma efficaci sono fissate solidamente sulla torta. Hmmm, ora che ci penso... è così che nascono i bambini, no?

Ingredienti

Torta rotonda da 20 cm, spessore 8 cm (vedi ricette alle pagine 6-9)

Torta rotonda da 15 cm, spessore 8 cm (vedi ricette alle pagine 6-9)

1 torta rotonda da 10 cm, spessore 6 cm (vedi ricette alle pagine 6-9)

450 g di farcitura/copertura (vedi ricette alle pagine 12-13)

Pasta di zucchero:

    1,6 kg bianca

Pasta per modellazione:

    Un pezzettino nero

    5 g gialla chiara

    10 g beige tenue

    120 g bianca

20 g di ghiaccia reale

Colorante alimentare in pasta: azzurro (SK)

Colorante alimentare in polvere: rosa (SK)

Colla commestibile (vedi ricetta a pagina 15)

35 ml (2 cucchiai) di acqua bollita raffreddata

Attrezzatura

Attrezzatura base (vedi pagine 16-18)

Vassoio per torte rotondo da 30 cm

Vassoi per torte rotondi sottili da 7,5, 13 e 18 cm

6 bacchette di sostegno in plastica per torte

Pennello per dolci grande

Un pezzetto di cartoncino piegato

Carta da cucina

Beccuccio per il piping n. 16 (PME) o cannuccia

Pennello fine e pennello medio (SK)

Vassoio

1 Impastate 315 g di pasta di zucchero bianca finché non la sentite morbida e flessibile. Spolverizzate il piano di lavoro di zucchero a velo. Spargetene un po' sulla superficie della pasta di zucchero e tiratela con il mattarello, sollevandola e spostandola ogni volta che passate il mattarello per evitare che si attacchi al piano di lavoro. Dovrete raggiungere uno spessore di 2-3 mm e dimensioni sufficienti a poter ricoprire il vassoio.

2 Inumidite il vassoio con un po' d'acqua precedentemente bollita e raffreddata o con della colla commestibile, poi sollevate la pasta e posizionatela sul vassoio. Lisciate la superficie con una paletta, eliminate la pasta di zucchero in eccesso dal bordo del vassoio e mettete da parte ad asciugare.

Torta

3 Tagliate la crosta da ogni torta e livellate le parti superiori. Per assicurarvi che i dolci siano completamente piatti, rovesciateli uno per uno e usate la base come parte superiore. Tagliate a strati tutte le torte e sovrapponetele nuovamente con la farcitura, per il momento mantenendo separati i singoli dolci. Mettete ogni torta su un vassoio a parte, leggermente più piccolo, quindi spalmate uno strato di farcitura sulla superficie di ogni dolce per evitare che si stacchino delle briciole e far aderire la pasta di zucchero.

4 Per la torta più grande, tirate 800 g di pasta di zucchero bianca e ricoprite completamente la torta, spianandola sui lati ed eliminando eventuali pieghe. Tagliate via la pasta in eccesso intorno alla base e lisciate la superficie con una paletta. Mettete questa torta al centro del vassoio e fissatelo in posizione con una punta di ghiaccia reale. Coprite nello stesso modo le altre due torte, usando la pasta di zucchero bianca rimasta.

5 Per sostenere la torta base, infilate tre bacchette al centro del dolce, mantenendole a distanze regolari e all'interno di un diametro di 13 cm. Segnate ciascuna bacchetta all'altezza della superficie di pasta di zucchero, incidendola leggermente, e rimuovetele dal dolce. Disponete le tre bacchette sulla superficie di lavoro, allineandone le parti inferiori, e controllate che i segni siano alla stessa altezza. Se non lo sono, la torta non è del tutto orizzontale. Per evitare che la torta si inclini, tagliate ogni bacchetta all'altezza del segno posto più in basso e inseritele nuovamente nel dolce. Per sostenere il piano centrale procedete nello stesso modo, mantenendo le bacchette all'interno di un diametro di 8 cm.

6 Disponete il piano centrale e quello superiore sopra la torta più grande, fissandoli con una puntina di ghiaccia reale. Diluite un po' di colorante alimentare azzurro in pasta con acqua bollita raffreddata e usate un grosso pennello da pasticciere per dipingere la superficie della torta. Create l'effetto del cielo con linee e strisce, scurendo il colore nella metà inferiore.

Nuvole

7 Usando i ritagli di pasta di zucchero bianca, modellate delle nuvole di varie dimensioni. Per creare una nuvola, per prima cosa fate una forma ovale e premetela con una paletta per appiattirla leggermente. Per modellarla, piegate a metà un pezzetto di cartoncino e premete la piega intorno al margine esterno della nuvola, lasciando aprire leggermente il cartoncino. Per arrotondare ulteriormente i bordi, usate la punta delle dita. Create le altre nuvole e fissatele in posizione con un po' di colla commestibile.

Cicogna

8 Fate con 45 g di pasta per modellazione bianca un salsicciotto lungo 7 cm. Formate

una sfera a una delle estremità per la testa e fate rotolare il collo sul piano di lavoro o tra le dita per allungarlo. Formate un'appendice all'estremità opposta e create la coda modellando una strozzatura e una forma triangolare appiattita.

9 Incidete le penne della coda con un coltello. Fissate il corpo in posizione sulla torta e sulla nuvola usando una punta di ghiaccia reale, utilizzando un pezzetto di carta da cucina arrotolata per tenerlo in posizione fino a quando sarà del tutto asciutto.

10 Per fare le ali, tagliate a metà 30 g di pasta per modellazione bianca e date a ciascuna metà una forma a goccia. Tiratela per assottigliarla, lasciando uno spessore leggermente superiore nella parte arrotondata. Tagliate le piume lungo la parte inferiore di ciascuna ala, sui lati opposti, e attaccate delle palline schiacciate di pasta di zucchero sulla superficie utilizzando un po' di colla commestibile. Allungatele premendo con le dita per creare le penne. Terminate le ali, mettetele da parte ad asciugare e poi fissatele in posizione con la ghiaccia reale, come sopra.

11 Per fare il becco, fate una goccia allungata con metà della pasta per modellazione gialla e tagliate via di netto la parte arrotondata. Spingete leggermente al centro del taglio con le dita per allargare i bordi e mettete il becco da parte ad asciugare per poi incollarlo in posizione.

12 Per le zampe della cicogna, per prima cosa mettete da parte un pezzo di pasta gialla delle dimensioni di un pisello, con cui creerete i capelli del bambino, quindi tagliate a metà la parte rimanente. Per fare una zampa, formate un sottile salsicciotto e piegatene un'estremità per creare il "piede". Lavoratelo delicatamente per assottigliare la caviglia e formare il tallone. Pizzicate il piede ai due lati per assottigliarlo e tagliatelo due volte per tutta la lunghezza. Per piegarlo, pizzicate la parte posteriore in modo da far uscire il tallone e spingete la zampa indietro. Create la seconda zampa, quindi incollatele entrambe in posizione.

13 Incollate il becco in posizione e incidete le piccole narici con la punta di uno stuzzicadenti. Aggiungete due occhi ovali bianchi con pupille nere leggermente più piccole. Incollate due minuscole gocce di pasta bianche sopra la testa per formare le piume.

Fagotto

14 Per prima cosa mettete da parte 5 g di pasta per modellazione bianca, poi date al resto una forma a goccia arrotondata per fare il fagotto. Tirate la punta per allungarla e formate delle aperture sui due lati con il manico di un pennello, creando uno spazio per il corpo e per la gamba del bambino. Con la punta delle dita, create le pieghe del tessuto. Incollate il fagotto sulla torta con la ghiaccia reale, fissandola come sopra.

Bambino

15 Mettete un pezzetto di pasta per modellazione beige tenue delle dimensioni di un pisello nel fagotto per formare il corpo del bambino. Per fare la testa, modellate 5 g di pasta creando una pallina e appiattite leggermente la faccia. Incidete il sorriso con la punta di un beccuccio per il piping n. 16 o con una cannuccia, in modo da formare un semicerchio, quindi aggiungete le fossette usando uno stuzzicadenti.

16 Modellate un piccolo naso ovale e due forme ovali leggermente più grandi per le orecchie, quindi premete al centro delle orecchie con la punta del manico di un pennello. Create gli occhi come sopra e applicate un minuscolo salsicciotto di pasta nera lungo il margine di ciascuno di essi per formare le ciglia. Spolverizzate un po' di colore rosa in polvere sulle guance del bambino e incollate la testa in posizione usando una punta di ghiaccia reale. Per il ricciolo del bambino, modellate la pasta gialla rimasta in un salsicciotto, appiattitela leggermente e arrotolatela delicatamente. Incollate questi elementi in posizione con una punta di colla commestibile.

17 Formate un piccolo salsicciotto con la pasta per modellazione beige tenue rimasta per fare la gamba e piegatene un'estremità per creare il piede. Assottigliate delicatamente la caviglia e pizzicate leggermente la pasta per creare il tallone. Fate dei taglietti per formare le dita e arrotondate quelle più piccole per piegarle leggermente. Incollate la gamba in posizione.

18 Su un lato del becco della cicogna, aggiungete una pallina per formare il nodo del fagotto. Formate due gocce per le estremità ai lati del nodo e fate una fossettina al centro con il manico di un pennello.

Suggerimento

Invece di utilizzare dei pezzetti di pasta nera, se lo trovate più facile potete creare gli occhi e le ciglia con colorante alimentare nero diluito, servendovi di un pennello extra-fine.

Elementi aggiuntivi/alternativi per ogni dolce:

Ingredienti

Dolce semi-sferico da 6 cm cotto in una teglia in silicone resistente al calore, farcito

Un po' di farcitura, marmellata o sciroppo di zucchero (vedi ricette alle pagine 12-13)

Pasta di zucchero:
    45 g azzurra o gialla chiara

Attrezzatura

Stampino circolare da 10 cm (facoltativo)

Paglietta per tegami nuova in plastica o un tappetino/mattarello per imprimere il motivo della paglia

mini-cesto di Mosè, passeggino e carrozzina

1 Potete tagliare e farcire le tortine una per una, ma un metodo alternativo più veloce consiste nell'iniettarvi sciroppo, marmellata o un'altra farcitura con una tasca da pasticciere inserita al centro. Se, come me, preferite le tortine non troppo dolci, vi basterà applicare un sottile strato di crema di copertura/farcitura sulla superficie.

2 Per coprire i dolci semi-sferici, tirate 35 g di pasta di zucchero creando un cerchio da 10 cm di diametro (se dovete prepararne molti, usate uno stampino circolare e ritagliate i cerchi da un foglio di pasta di zucchero già tirata). Applicate il cerchio di pasta di zucchero alla parte arrotondata del dolce e lisciate i lati. Sollevate e lisciate il bordo della pasta di zucchero nella parte superiore. La copertura potrebbe sformarsi ma potrete facilmente tagliare via la pasta in eccesso.

3 Per creare l'effetto vimini sulla superficie del cesto di Mosè, premete una paglietta per tegami in plastica sulla superficie, oppure utilizzate un tappetino/mattarello specifico. Per i tettucci, modellate 10 g di pasta di zucchero formando un salsicciotto affusolato, premetelo con una paletta per appiattirlo e formate delle scanalature con il manico di un pennello. Inumidite il margine superiore del dolce con colla commestibile e incollate in posizione.

4 Per il cuscino, modellate una piccola forma ovale con la pasta bianca, premetela e pizzicate la pasta per formare i quattro angoli.

5 Per la testa del bambino, procedete come indicato per la torta della cicogna e posatela sul cuscino. Modellate un salsicciotto affusolato per il corpo, quindi

copritelo con una copertina (o con la copertura della carrozzina) ottenuta da un foglio sottile di pasta. Se volete, aggiungete un fiocchetto decorativo.

6 Modellate un salsicciotto di pasta di zucchero per il manico della carrozzina, piegatelo per dargli la forma giusta e lasciatelo asciugare prima di incollarlo in posizione.

7 Modellate quattro palle di pasta bianca per le ruote e premetele al centro per arrotondare la gomma. Data la forma del dolce, conviene incollare le ruote in posizione con una pallina di pasta di zucchero o utilizzare una colla extra-forte come la ghiaccia reale per fissarle bene.

amore di mamma

Mia nuora Rachael si è messa a ridere quando ha visto questa torta e ha detto che è molto lontana dalla realtà: sarebbe stato più realistico rappresentare un bambino urlante e una madre esausta e spettinata in pigiama, con tanto di tracce di rigurgito! Sarà vero ma io preferisco la versione romantica. Sognare non è reato, no?

Ingredienti

Torta rotonda da 20 cm e 8 cm di spessore (vedi ricette alle pagine 6-9)

340 g di farcitura/copertura (vedi ricette alle pagine 12-13)

Pasta di zucchero:

1 kg bianca

Pasta per modellazione:

Un pezzetto nero

45 g marroncina

Un pezzetto rosa chiaro

30 g beige tenue

240 g bianca

40 g di ghiaccia reale (SK)

Colorante alimentare in pasta o liquido: nero, azzurro, marrone (SK)

Colorante alimentare in polvere: rosa chiaro (SK)

Colla commestibile
(vedi ricetta a pagina 15) (SK)

Attrezzatura

Attrezzatura base (vedi pagine 16-18)

Vassoio per torte rotondo da 30 cm

Bacchetta in plastica per uso alimentare

Pennelli: n.00 extra-fine, n.2 fine e n.4 medio (SK)

Beccuccio per il piping: n.1 (PME)

Vassoio

1 Impastate 315 g di pasta di zucchero bianca finché non la sentite morbida e flessibile. Spolverizzate il piano di lavoro di zucchero a velo. Spargetene un po' sulla superficie della pasta di zucchero e tiratela con il mattarello, sollevandola e spostandola ogni volta che passate il mattarello per evitare che si attacchi al piano di lavoro. Dovrete raggiungere uno spessore di 2-3 mm e dimensioni sufficienti a poter ricoprire il vassoio.

2 Inumidite il vassoio con un po' d'acqua precedentemente bollita e raffreddata o con della colla commestibile, poi sollevate la pasta e posizionatela sul vassoio. Lisciate la superficie con una paletta, eliminate la pasta di zucchero in eccesso dal bordo del vassoio e mettete da parte ad asciugare.

Torta

3 Tagliate la crosta dal dolce e livellate la parte superiore. Tagliate la torta a strati e sovrapponeteli nuovamente con la farcitura. Spalmate uno strato di copertura/farcitura sulla superficie del dolce per evitare che si stacchino briciole e far aderire la pasta di zucchero.

4 Disponete la torta al centro del vassoio coperto. Tirate la pasta di zucchero bianca rimasta e ricoprite completamente la torta, spianandola sui lati, eliminando eventuali pieghe e lisciando la pasta verso il basso. Tagliate via la pasta in eccesso intorno alla base, facendo attenzione a non danneggiare la copertura del vassoio. Lisciate la superficie con una paletta fino a eliminare tutte le increspature.

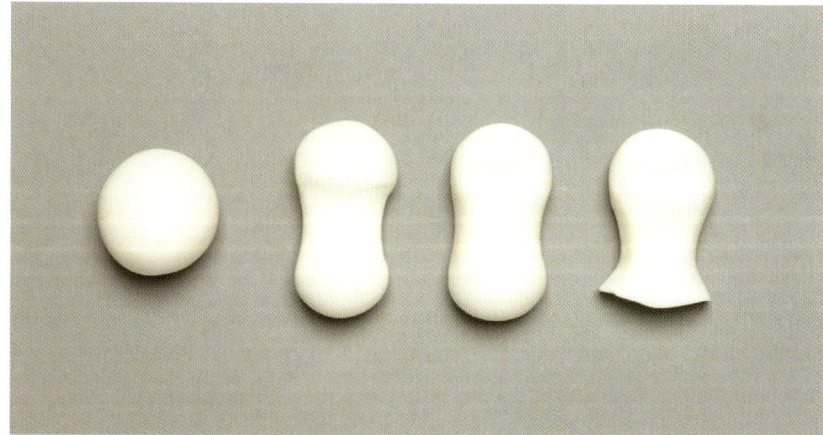

Suggerimento

Se avete paura di rovinare il vassoio quando ricoprite la torta, mettetele sotto un vassoietto della sua stessa circonferenza. Coprite la torta, tagliate via la pasta in eccesso e solo poi mettete la torta al centro del vassoio coperto, usando un po' di ghiaccia reale per fissarla.

5 Applicate con il pennello una striscia di colla commestibile a 1,5 cm dalla base del dolce, per fissare il nastro di zucchero. Formate un lungo salsicciotto di pasta per modellazione marroncina e spianatene la superficie con un mattarello fino ad assottigliarla. Tagliate una striscia lunga e sottile (controllate che sia abbastanza lunga da coprire l'intera circonferenza della torta misurandola con attenzione con uno spago o un nastro) e incollatela intorno alla torta con la giuntura sulla parte anteriore, dove andrà posizionato il fiocco.
6 Per fare il fiocco, lavorate due pezzi di pasta per modellazione delle dimensioni di un pisello formando dei piccoli salsicciotti

affusolati alle estremità. Premeteli per appiattirli e formate due anelli. Incollateli in posizione aggiungendo al centro una pallina per il nodo.

Madre

7 Per fare la parte inferiore del vestito, con 200 g di pasta per modellazione bianca formate un salsicciotto lungo circa 13 cm. Premetelo per appiattirlo leggermente e passate il mattarello sulla superficie, premendo con maggiore forza in basso in modo da allungare e assottigliare il vestito, così da creare il drappeggio. Spianate le pieghe delicatamente con le dita e incollate in posizione con la colla commestibile, ruotando leggermente la parte superiore, su cui andrà collocato il corpetto. Infilate la bacchetta di sostegno attraverso il corpo in direzione leggermente angolata, penetrando all'interno della torta, in modo da stabilizzare la figura.

8 Per fare il corpetto, formate un ovale con 30 g di pasta per modellazione bianca e fatela rotolare avanti e indietro premendo leggermente al centro per creare la vita e appiattire la schiena. Fate leggermente rientrare l'area del collo

spingendo con la punta del dito. Tagliate di netto la parte inferiore e schiacciate il margine per allungare e assottigliare la pasta, in modo da posizionarla bene sopra la gonna. Inumidite la bacchetta di sostegno con colla commestibile e infilateci il corpetto, controllando che la parte superiore della bacchetta emerga nella parte centrale del petto.

Copertina del bambino

9 Mettete da parte un pezzetto di pasta per modellazione bianca da utilizzare in seguito e formate con quella rimanente un ovale. Premetelo per appiattirlo leggermente e spingete con la punta di un dito per creare uno spazio per la testa del bambino, pizzicando la pasta lungo il margine per assottigliare e ondulare il bordo. Assottigliate la parte inferiore e lisciate tutto il bordo con la punta di un dito. Incollate in posizione sulla torta vicino alla gonna della madre.

Collo

10 Formate una pallina con 2 g di pasta per modellazione beige tenue e sollevate delicatamente il collo al centro. Fate

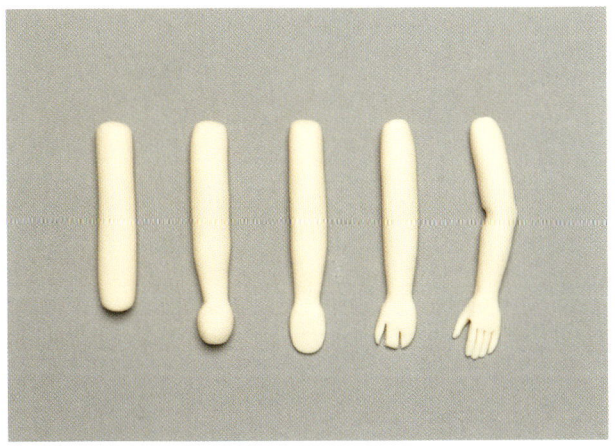

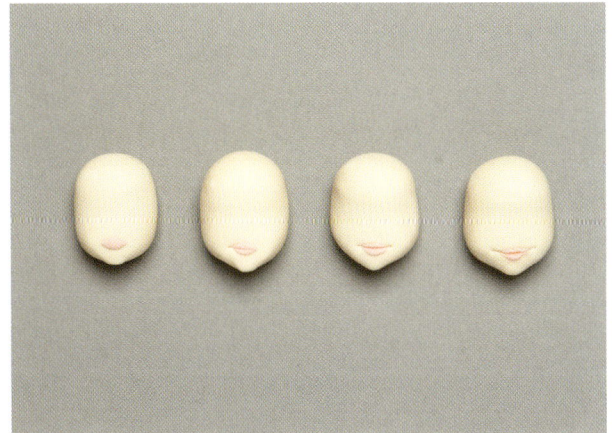

un foro al centro del collo esercitando una pressione con uno stuzzicadenti e ruotandolo fino ad allargare l'apertura abbastanza da farvi penetrare la bacchetta di sostegno. Inumidite l'area del collo con colla commestibile e infilatelo con delicatezza sulla bacchetta, spianando la parte inferiore sulla giuntura fino a uniformarla con il corpo.

Braccia

11 Tagliate a metà 10 g di pasta per modellazione beige tenue per fare le braccia. Per creare un braccio, formate un salsicciotto lungo 5 cm con uno dei due pezzi (il braccio risulterà più lungo quando sarà completo) e lavoratelo vicino a un'estremità per arrotondare la mano e assottigliare il polso. Allungate la mano e premetela per appiattirla leggermente.

12 Fate un taglio dritto su un lato della mano a non più di metà della larghezza, per formare il pollice. Fate tre tagli leggermente più corti lungo la parte superiore per separare le dita. Premete delicatamente ciascun dito per allungarlo e arrotondarlo, quindi riunite le dita. Spingete il pollice verso il palmo per dare una forma naturale alla mano. Spingete

l'interno del braccio a metà tra il polso e la spalla per creare una rientranza nella zona del gomito. Fate un taglio angolato in cima al braccio in modo da adattarlo al corpo e incollatelo in posizione. Create il secondo braccio nello stesso modo, tagliando il pollice e le dita sul lato opposto.

Viso

13 Formate un ovale con 10 g di pasta per modellazione beige tenue e fatelo rotolare delicatamente avanti e indietro sul piano di lavoro per appiattire l'area del viso. Spingete verso il basso la parte inferiore del viso e pizzicatela ai due lati per modellare il mento. Spingete delicatamente a metà altezza per far rientrare l'area degli occhi. Fate un foro in basso per la bacchetta di sostegno e rimodellate se necessario.

14 Per la bocca, formate un salsicciotto affusolato alle estremità con un pezzettino di pasta per modellazione rosa chiaro (tenendone da parte un po' per la bocca del bambino). Premetela per appiattirla e incollatela in posizione sul viso della madre. Incidete la parte centrale per separare le labbra utilizzando la lama di un coltello e, con la punta, premete agli

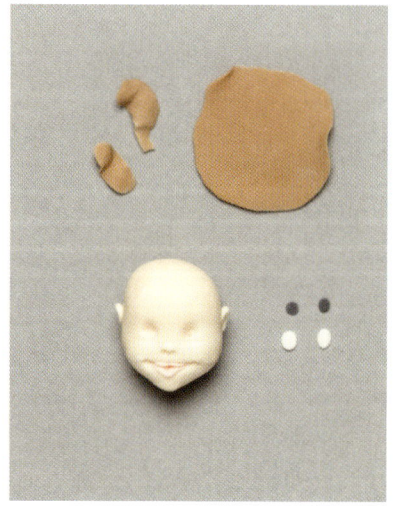

angoli per formare le fossette. Utilizzando il pennello, incidete il centro della bocca per aprirla leggermente e formate la piega del labbro superiore.

15 Per fare il naso, formate una goccia con un pezzetto di pasta per modellazione beige tenue, incollatelo in posizione e segnate le narici con la punta di un pennello o con uno strumento da modellazione appuntito.

16 Aggiungete due minuscoli cerchi di pasta per modellazione bianca nell'area degli occhi e appiattiteli fino a farli rientrare nella superficie. Fate un taglietto dritto alla base di ciascuno utilizzando la punta di un coltello. Per le palpebre, appiattite una pallina di pasta beige tenue, tagliatela a metà e incollatela su ciascun occhio tenendo il lato dritto verso il basso. Aggiungete due piccole pupille nere. Modellate due minuscoli salsicciotti di pasta marrone e applicateli in posizione per fare le sopracciglia (o se preferite dipingetele con colorante alimentare marrone in pasta o liquido diluito, utilizzando il pennello extra-fine).

Bambino

17 Per creare la testa e i tratti facciali del bambino procedete come per la mamma, utilizzando 5 g di pasta per modellazione beige tenue. Create due piccole orecchie ovali, applicatele alla stessa altezza del naso e fateci una fossettina utilizzando la punta del manico di un pennello. Incollate la testa del bambino sulla copertina, lasciando spazio per un braccio. Utilizzando la pasta beige tenue rimasta, fate il braccio del bambino seguendo le istruzioni riportate sopra e arrotondando un po' di più la mano.

Capelli

18 Per i capelli della madre, usate la pasta per modellazione marrone per fare delle gocce di diverse dimensioni, appiattitele e incollatele una per una sulla testa, creando una scriminatura da un lato. Applicate dei piccoli pezzi appiattiti alla testa del bambino, creando uno spessore leggermente maggiore sulla parte superiore e lisciando i capelli intorno alle orecchie con un pennello.

Ultimi ritocchi

19 Spolverizzate del colorante alimentare in polvere rosa chiaro sulle guance della madre e su quelle del bambino. Usate un po' di colorante alimentare nero in pasta diluito o liquido per dipingere le ciglia con il pennello extra-fine.

20 Dividete la ghiaccia reale in due ciotole: coloratene 20 g con il marroncino e gli altri 20 g con l'azzurro utilizzando colorante alimentare liquido o in pasta. Mettete la ghiaccia di entrambi i colori in tasche con beccucci n.1 e create dei puntini marroncini e azzurri intorno alla base della torta.

Suggerimento

Se preferite non usare la ghiaccia reale, potete creare i puntini intorno alla base del dolce ritagliando dei minuscoli cerchietti di pasta con un beccuccio per il piping.

minicake amore di mamma

Ingredienti

Tortina rotonda da 6 cm, alta 5 cm

45 g di farcitura
(vedi ricette alle pagine 12-13)

Pasta di zucchero:

100 g azzurra, bianca o del colore
che preferite
(per coprire il vassoio e il minicake)

Attrezzatura

Vassoio rotondo da 10 cm, sottile

1 Coprite il vassoio con un sottile strato
di pasta di zucchero bianca o azzurra e
tagliate a misura intorno al bordo. Mettete
da parte ad asciugare

2 Create degli strati di farcitura
nel minicake (così ne aumenterete
leggermente l'altezza). Coprite il minicake e
usate una paletta per creare una superficie
liscia e priva di pieghe. Tagliate via la pasta
in eccesso intorno alla base usando un
coltellino affilato o uno stampino circolare
della stessa circonferenza del dolce
ricoperto. Disponete con attenzione il
minicake sul vassoio ricoperto.

3 Create il bambino e la copertina
come nel dolce principale e fissateli alla
parte superiore del minicake. Potete
anche variare l'espressione del viso:
aggiungete una manina se il bambino
si succhia il dito oppure, per creare uno
sbadiglio, aprite la bocca del bambino
con l'estremità del manico di un pennello
e spingetela leggermente verso il basso
per creare il labbro inferiore.

4 Per decorare la giuntura tra la torta e
il vassoio, create un nastro e un fiocco
come per la torta principale. Incollatelo in
posizione con colla commestibile.

bimbi in lacrime

Essendo io stessa una mamma, ho pensato di dover rappresentare anche la realtà della maternità, dopo tutti questi progetti romantici. È stato divertente creare questi bambini con bocche spalancate, tonsille in vista e lacrime ovunque. Ho aggiunto anche delle pozzanghere: quando iniziano, questi piccolini non la smettono più!

Ingredienti

1 torta rotonda da 20 cm e 1 da 10 cm, entrambe di 6-7 cm di spessore (vedi ricette alle pagine 6-9)

450 g di farcitura/copertura (vedi ricette alle pagine 12-13)

75 g di pasta di riso soffiato (vedi ricetta a pagina 10)

Pasta di zucchero:

  1,25 kg bianca

  150 g beige tenue

Pasta per modellazione:

250 g beige tenue

65 g bianca

5 g nera

35 g azzurra

Un pezzettino rosso, uno rosa e uno marrone

Colla commestibile (vedi ricetta a pagina 15) (SK)

Colorante alimentare in pasta: bianco (SK)

Colorante alimentare in polvere: rosa chiaro (SK)

Attrezzatura

Attrezzatura base (vedi pagine 16-18)

Vassoio per torte rotondo da 30 cm

Vassoio per torte da 10 cm, leggero

3 bacchette in plastica per uso alimentare

7 bastoncini in carta per lecca-lecca

Cartamodello per la bocca (vedi pagina 111)

Stampino circolare da 2,5 cm

Pennelli: fine e medio (SK)

Qualche stuzzicadenti

Carta da cucina

Vassoio

1 Impastate 315 g di pasta di zucchero bianca finché non la sentite morbida e flessibile. Spolverizzate il piano di lavoro di zucchero a velo. Spargetene un po' sulla superficie della pasta di zucchero e tiratela con il mattarello, sollevandola e spostandola ogni volta che passate il mattarello per evitare che si attacchi al piano di lavoro. Dovrete raggiungere uno spessore di 2-3 mm e dimensioni sufficienti a poter ricoprire il vassoio.

2 Inumidite il vassoio con un po' d'acqua precedentemente bollita e raffreddata o con della colla commestibile, poi sollevate la pasta e posizionatela sul vassoio. Lisciate la superficie con una paletta, eliminate la pasta di zucchero in eccesso dal bordo del vassoio e mettete da parte ad asciugare.

Torta

3 Tagliate la crosta da ogni torta e livellate la parte superiore. Tagliate ogni torta a strati e sovrapponeteli nuovamente con la farcitura. Spalmate uno strato di farcitura sulla superficie dei dolce per evitare che si stacchino briciole e far aderire la pasta di zucchero. Mettete la torta più piccola sul vassoietto e tenete da parte.

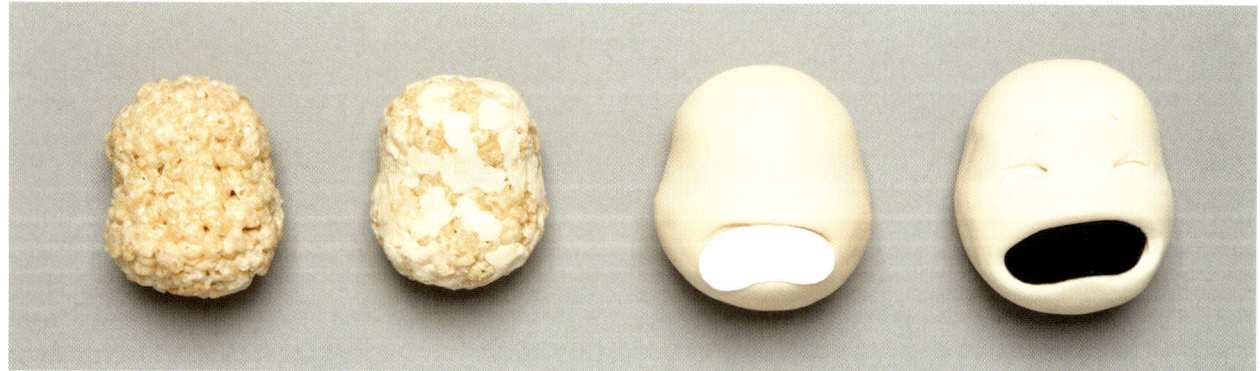

4 Tirate 750 g di pasta di zucchero bianca e ricoprite completamente la torta più grande, spianandola sui lati, eliminando eventuali pieghe e lisciando la pasta verso il basso. Tagliate via la pasta in eccesso intorno alla base. Spianate la superficie con una paletta.

5 Infilate le tre bacchette nella parte centrale del dolce più grande, rimanendo all'interno della circonferenza del vassoio più piccolo. Segnate ciascuna bacchetta all'altezza della pasta di zucchero e rimuovetele. Disponete le bacchette sul piano di lavoro e tagliatele all'altezza del segno posto più in basso, se le misure sono leggermente diverse, per assicurarvi che il secondo piano della torta rimanga dritto. Infilate nuovamente le bacchette nel dolce.

6 Utilizzando la pasta di zucchero bianca rimasta, ricoprite la torta più piccola come sopra e posizionatela al centro del dolce più grande, fissandola con un po' di colla commestibile. Tirate sottile un po' di pasta per modellazione azzurra e ritagliatene delle forme con i bordi ondulati per fare le pozzanghere. Incollatele intorno alla base di entrambe le torte con colla commestibile. Tenete da parte un po' di pasta per modellazione azzurra per fare le lacrime dei bambini.

Teste

7 Per ogni testa vi serviranno 25 g di pasta di riso soffiato. Create una pallina mentre la miscela è ancora tiepida (vedi istruzioni a pagina 10) e fate rientrare leggermente l'area degli occhi passando il mattarello da una parte all'altra sulla superficie del viso, poco più in alto del centro. Infilate nella base un bastoncino di carta per lecca-lecca da 4 cm per creare un foro, poi toglietelo. Create tre teste e lasciatele indurire per circa 10 minuti. Quando saranno solide, riempite le eventuali aree irregolari con pezzetti di pasta di zucchero beige tenue.

8 Per ciascuna testa, tirate 50 g di pasta di zucchero beige tenue e ricoprite la forma completamente. Lisciate prima l'area della faccia e chiudete la giuntura nella parte posteriore, quanto più vicino possibile al collo, usando un po' di colla commestibile. Tagliate via la pasta in eccesso e massaggiate delicatamente la giuntura fino a renderla invisibile. Coprite le altre due teste nello stesso modo. Lisciate la superficie per rimuovere eventuali imperfezioni.

9 Utilizzando il cartamodello, ritagliate la sagoma della bocca aperta per due dei bambini e riempitela con pasta per modellazione nera tirata sottile. Segnate

gli occhi chiusi usando il retro della lama di un coltello e tagliate una curva rivolta verso l'alto per riprodurre gli occhi strizzati. Segnate le sopracciglia utilizzando la punta di un coltello.

10 Per il bambino triste, per prima cosa incidete la bocca rivolta verso il basso premendo con uno stampino tondo e levigando il taglio con un pennello inumidito. Premete la pasta sottostante per spingere verso l'alto il labbro inferiore e lisciatela nuovamente con il pennello. Fate rientrare gli occhi utilizzando uno strumento per modellazione a palla o a punta.

11 Incollate dei piccoli ovali su ogni faccia per fare i nasi e incidete le narici con il manico di un pennello o uno strumento per modellazione a punta. Per fare le orecchie,

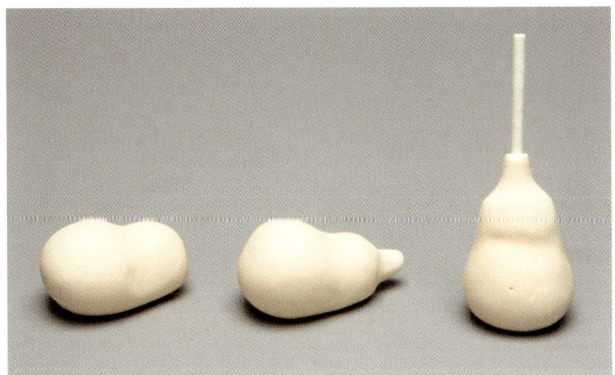

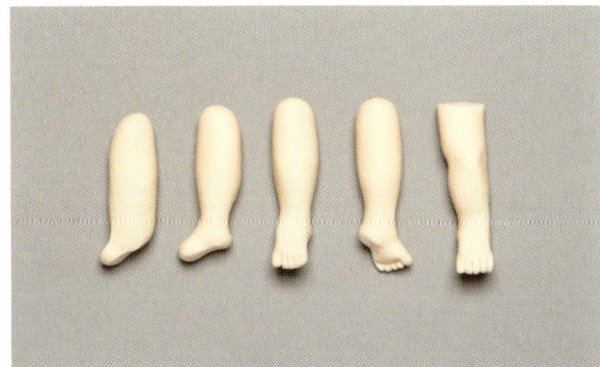

modellate dei piccoli ovali, fatene rientrare il centro con lo strumento punte a palla e incollate in posizione sui lati della testa, all'altezza del naso.

12 Incollate due piccoli occhi ovali bianchi sul bambino triste, con altri due ovali più piccoli e neri per le pupille. Segnate gli occhi chiusi degli altri due bambini con la punta di un coltello. Lungo tutti gli occhi applicate dei minuscoli salsicciotti di pasta nera per fare le ciglia. Dipingete un piccolo riflesso su un lato degli occhi del bambino triste, utilizzando colorante alimentare in pasta bianco e un pennello molto fine.

13 Per fare le tonsille, create due piccolissimi salsicciotti di pasta rossa, arrotondatene le estremità, curvateli leggermente e appiattiteli alle estremità. Tagliate dei quadratini di bianco per fare i denti. Incollate le tonsille e i denti all'interno della bocca con colla commestibile.

14 Spolverizzate una quantità abbondante di colorante rosa in polvere sulle guance utilizzando un pennello piatto e asciutto. Modellate delle forme a goccia di pasta azzurra per le lacrime e 'riempite' gli occhi del bambino triste con dei pezzettini di pasta, appiattendoli delicatamente.

Corpi

15 Per ogni corpo vi serviranno 45 g di pasta per modellazione beige tenue. Modellate la pasta in una forma a goccia e pizzicatela delicatamente in modo da tirarne fuori un pezzettino per il collo all'estremità più sottile. Fate un foro nel collo con uno stuzzicadenti, muovendolo circolarmente per allargare il buco in modo da poterci infilare il bastoncino per lecca-lecca. Inumidite il bastoncino per lecca-lecca con colla commestibile e infilatelo nel corpo, lasciandone emergere una parte per sostenere la testa. Tirate la pasta con le dita da un terzo dell'altezza in giù per arrotondare l'area della pancia e incidete l'ombelico con uno stuzzicadenti.

Gambe

16 Usate 15 g di pasta per modellazione beige tenue per fare ciascun paio di gambe. Per fare una gamba, modellate un salsicciotto non più lungo di 4 cm. Piegate un'estremità e assottigliate all'altezza della caviglia per creare il tallone e dare forma alla gamba. Schiacciate il piede su entrambi i lati per allungarlo e assottigliarlo leggermente.

17 Prima tagliate l'alluce, tiratelo verso l'esterno e appiattitelo, quindi

arrotondatene leggermente i lati e rimettetelo in posizione. Appiattite il resto dell'area delle dita e tagliate le altre quattro dita alla stessa lunghezza dell'alluce, arrotondandole delicatamente. Create il ginocchio a metà tra la caviglia e l'attaccatura della gamba, pizzicando

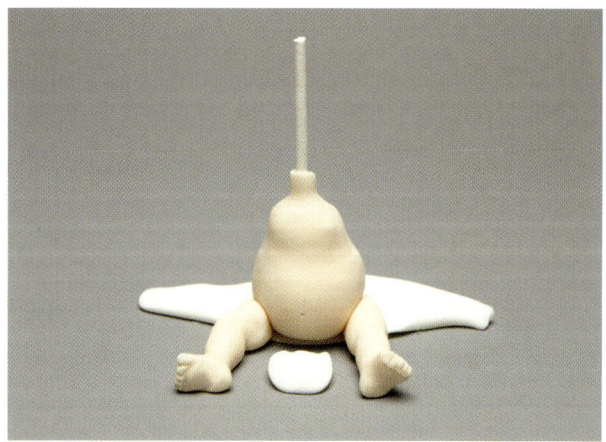
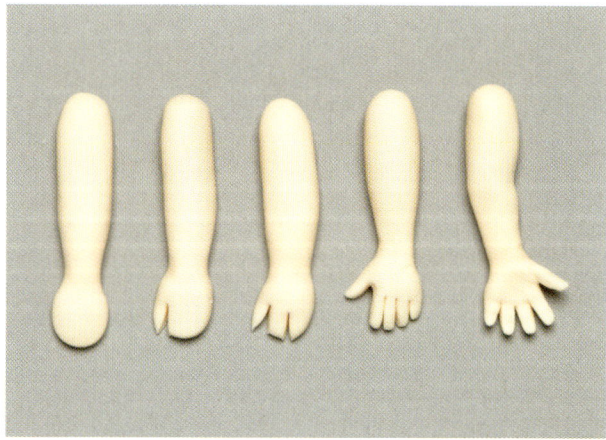

la pasta, e spingetelo da dietro per piegarlo leggermente. Fate ruotare la punta del manico di un pennello o di uno strumento per modellazione a punta sulla parte anteriore dell'area della caviglia per creare una piega. L'intera gamba, dall'attaccatura al tallone, dovrà misurare circa 5 cm di lunghezza. Create altre cinque gambe, tra destre e sinistre, e mettetele da parte ad asciugare.

Pannolino

18 Formate un salsicciotto con 20 g di pasta per modellazione bianca e assottigliate leggermente le estremità facendole rotolare. Appiattite la figura con il mattarello fino a raggiungere una lunghezza di 13 cm. Disponete su di essa il corpo di un bambino con le due gambe nella parte anteriore, inumidite ciascun lato del pannolino con colla commestibile e avvolgete la pasta intorno al corpo e sulle gambe. Aggiungete un piccolo ovale di pasta bianca al centro per fare il nodo e incidete leggermente per creare le pieghe.

Braccia

19 Le braccia richiederanno un supporto interno, perciò infilate delicatamente un bastoncino per lecca-lecca su ciascun lato del corpo dei due bambini che strillano, lasciandone sporgere circa 3 cm. Per fare le braccia, dividete la pasta per modellazione beige rimanente in sei parti grandi uguali. Con una fate un salsicciotto di 4 cm di lunghezza. Lavoratelo delicatamente a un'estremità per creare la mano e premete per appiattirla leggermente. Fate un taglio su un lato per fare il pollice e altri tre tagli leggermente più corti lungo la parte superiore, per creare le dita. Lavorate delicatamente ciascun dito per arrotondarne i bordi.

20 Pizzicate la pasta a metà tra il polso e la parte superiore del braccio per creare il gomito. Inumidite il bastoncino per lecca-lecca con un po' di colla commestibile. Fate un foro nel braccio con uno stuzzicadenti e muovete lo stuzzicadenti circolarmente per allargare il buco in modo da poterci infilare il bastoncino per lecca-lecca, quindi fissate il braccio in posizione. Create le altre braccia destre e sinistre per tutti i bambini. Per il bambino triste, piegate delicatamente la mano per metterla in posizione e sostenetela con della carta da cucina finché non si sarà asciugata. Inumidite tutte le braccia in corrispondenza delle giunture con colla commestibile e massaggiatele delicatamente con un movimento circolare per fondere la pasta e rendere invisibili le giunture.

Capelli

21 Infilate una testa su ciascun corpo e fissatela con un po' di colla commestibile. Fate due piccoli salsicciotti di pasta per modellazione marrone per il bambino castano e incollateli in posizione. Create un ricciolo per il bambino centrale utilizzando un pezzo di pasta per modellazione giallo chiaro delle dimensioni di un pisello. Per il bambino triste, incollate una piccola goccia di giallo sulla testa e appiattitene la superficie utilizzando un pennello umido. Aggiungete un ricciolo sulla fronte.

Fiocco

22 Per fare il fiocco, create due salsicciotti appiattiti e affusolati alle estremità con la pasta rosa, piegateli ad anello e fissateli con colla commestibile. Aggiungete una pallina di rosa sui capelli e incollate le forme ad anello su entrambi i lati. Aggiungete una piccola goccia di giallo in alto.

mini-borse dei pannolini

Elementi aggiuntivi/alternativi
per ogni borsa:

Ingredienti

Tortina rettangolare da 7 x 5 cm, spessore
2,5 cm, con strati di farcitura (vedi ricette
alle pagine 12-13)

Pasta di zucchero:

   90 g azzurra, gialla chiara o bianca

1 Per coprire la tortina, tirate sottili 90 g di
pasta di zucchero e ritagliate una forma
rettangolare da 14 x 18 cm. Disponete la
tortina sulla metà inferiore (vedi illustrazione)
e ripiegateci sopra i lati. Ripiegate la parte
inferiore verso l'alto, fissate al dolce con
colla commestibile e ripiegate la parte
superiore per creare la falda dell'apertura.

2 Tirate sottili i ritagli di pasta di zucchero
e ritagliate tasche e cinghie per decorare la
borsa. Potrete modellare biberon, paperelle
di gomma od orsacchiotti con i ritagli e
applicarli alla borsa o inserirli nelle tasche.

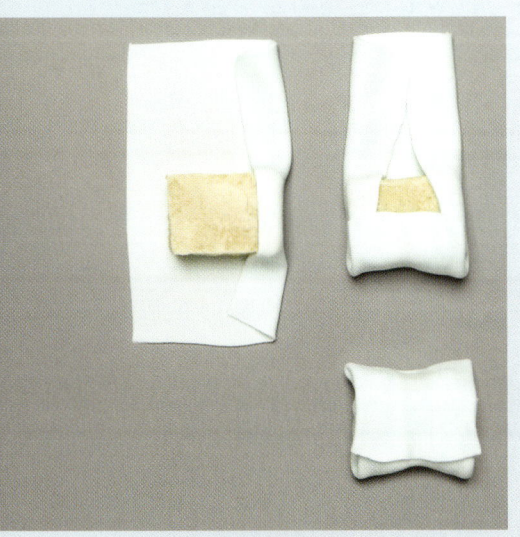

faccine

Per fare le faccine, coprite dei dolcetti
a cupola da 7 cm con 35 g di pasta di
zucchero beige tenue e create i tratti del volto
seguendo le istruzioni relative ai bambini
del dolce principale. Modellate un ciuccio
con la pasta di zucchero e usate una pallina
di pasta per modellazione per la base.
Disponete ogni dolce su un vassoietto sottile
rotondo o su un cerchietto di carta forno.

mini-ciucci

Elementi aggiuntivi/alternativi per ogni ciuccio:

Ingredienti

Dolcetto a cupola da 7 cm (cotto in una teglia in silicone resistente al calore)

Un po' di farcitura (vedi ricette alle pagine 12-13)

Pasta di zucchero:

    35 g del colore che preferite

Pasta per modellazione:

    50 g

    10 g beige tenue

Colorante alimentare in pasta o liquido: nero (SK) (facoltativo)

1 Livellate la parte piatta del dolce a cupola e spalmate un po' di farcitura sulla superficie per far aderire bene la pasta di zucchero. Tirate 35 g di pasta di zucchero e ricoprite la parte a cupola del dolce, lasciando sulla parte piatta solo uno strato di farcitura.

2 Per fare la parte superiore del ciuccio, tirate un cerchio spesso e con un diametro di 8 cm di pasta per modellazione. Premete sulla parte superiore per creare una rientranza e lavorate i bordi con le dita per renderli più regolari. Lasciatelo asciugare prima di posizionarlo sul dolce.

Fate un piccolo salsicciotto dello stesso colore, ripiegatelo per creare il manico e incollatelo in posizione con colla commestibile. Per decorare ulteriormente il ciuccio, dipingete un motivo a pallini utilizzando colorante alimentare in pasta diluito o colore liquido.

3 Prendete un pezzetto di pasta per modellazione beige tenue, create una forma a goccia arrotondata per il succhiotto e tagliate via la punta. Lasciatela asciugare brevemente prima di incollarla in posizione.

pisellino nel baccello

L'idea di fare a fette questa torta può apparire un po' inquietante ma il progetto che avevo in mente era così carino che ho trovato un compromesso, realizzando la testa con pasta di riso soffiato. Anche se è buona da mangiare, mi ha fatto piacere di non doverla affettare al momento di servire la torta!

Ingredienti

2 torte a forma di cupola da 15 cm (vedi ricette alle pagine 6-9)

400 g di crema di farcitura/copertura (vedi ricette alle pagine 12-13)

225 g di pasta di riso soffiato (vedi ricetta a pagina 10)

Pasta di zucchero:

  800 g beige tenue

  315 g bianca

Pasta per modellazione:

  2 g (un pizzico) nera

  2 g (un pizzico) marrone

  500 g verde

  145 g beige tenue

Colla commestibile (vedi ricetta a pagina 15) (SK)

Colorante alimentare in pasta: bianco (SK)

Colorante alimentare in polvere: rosa chiaro (SK)

Attrezzatura

Attrezzatura base (vedi pagine 16-18)

Vassoio per torte rotondo da 30 cm

Bacchetta di sostegno in plastica per alimenti

Pennello fine e pennello medio

Qualche stuzzicadenti

Vassoio

1 Impastate la pasta di zucchero bianca finché non la sentite morbida e flessibile. Spolverizzate il piano di lavoro di zucchero a velo. Spargetene un po' sulla superficie della pasta di zucchero e tiratela con il mattarello, sollevandola e spostandola ogni volta che passate il mattarello per evitare che si attacchi al piano di lavoro. Dovrete raggiungere uno spessore di 2-3 mm e dimensioni sufficienti a poter ricoprire il vassoio.

2 Inumidite il vassoio con un po' d'acqua precedentemente bollita e raffreddata o con della colla commestibile, poi sollevate la pasta e posizionatela sul vassoio. Lisciate la superficie con una paletta, eliminate la pasta di zucchero in eccesso dal bordo del vassoio e mettete da parte ad asciugare.

Testa del bambino

3 Preparate la pasta di riso soffiato seguendo la ricetta. Quando l'impasto è ancora caldo, modellatelo in un ovale da 10 x 13 cm. Mettete l'ovale sul piano di lavoro e fatelo rotolare delicatamente avanti e indietro in modo da appiattirne leggermente un lato; quest'area sarà la faccia del bambino. Per praticare un foro per la bacchetta che sosterrà la testa sul corpo, infilate una bacchetta nella parte inferiore fino a metà della forma, mentre l'impasto è ancora morbido. Rimuovete la bacchetta e mettete da parte ad asciugare.

4 Una volta indurita la testa, usate dei pezzetti di pasta di zucchero beige tenue per riempire le eventuali aree irregolari e create una superficie liscia

e la parte intorno alla bocca utilizzando un pennello umido e modellando con attenzione le labbra.

6 Aggiungete un piccolo ovale per il naso utilizzando i ritagli di pasta e segnate le narici con l'estremità del manico di un pennello. Fate rientrare le aree degli occhi con la punta delle dita per creare le orbite e lisciate i contorni. Mettete da parte la testa.

Corpo

7 Tagliate la crosta da ogni torta e livellatene la parte piatta. Tagliate uno

strato in ogni torta e mettete un dolce contro l'altro, formando una palla. Tagliate intorno alla parte superiore del dolce per assottigliare l'area del torace e delle spalle. Ricomponete gli strati con la farcitura e spalmate un sottile strato di copertura/farcitura sulla superficie del dolce per far aderire meglio la pasta di zucchero.

8 Tirate 625 g di pasta di zucchero beige tenue e coprite completamente la torta, lisciando la pasta intorno ai bordi e verso il basso. Appiattite le pieghe intorno alla parte inferiore e lisciate nuovamente la torta verso il basso, tagliando via la pasta

su cui applicare la copertura in pasta di zucchero. Per preparare l'area della bocca, fate un ovale con 2 g (un pizzico) di pasta di zucchero beige tenue e incollatela sulla parte inferiore della faccia utilizzando della colla commestibile.

5 Spennellate la superficie con un po' di colla commestibile. Tirate 175 g di pasta di zucchero beige tenue e usatela per coprire la faccia e la parte inferiore della testa. Per rimuovere la giuntura, appiattitene il margine fino a renderlo uniforme con la superficie. Spianate intorno alla bocca e incidete la parte centrale con il retro di un coltello, spingendo la punta sui due angoli per creare le fossette. Lisciate la superficie

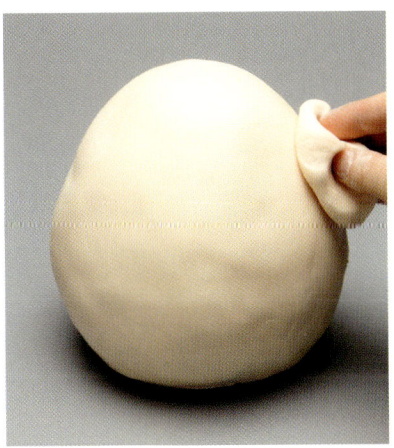

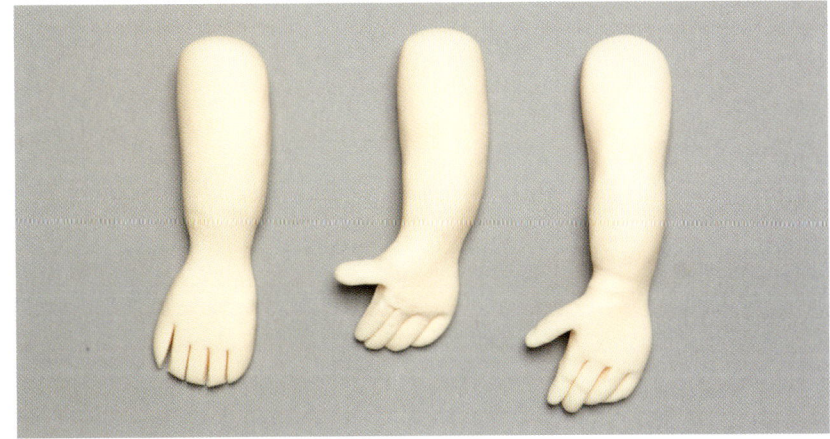

in eccesso.
Lisciate con una paletta o utilizzate una pallina di pasta di zucchero cosparsa di zucchero a velo, spianando le eventuali pieghe con un movimento circolare. Segnate l'ombelico con la punta di un dito.

9 Sollevate delicatamente la torta e incollatela al centro del vassoio utilizzando un po' di colla commestibile. Infilate la bacchetta di sostegno attraverso il corpo, lasciandone sporgere un pezzo in alto, quindi infilate la testa sulla bacchetta fino ad appoggiarla saldamente sulla parte superiore del corpo.

10 Il baccello è composto da due parti. Tagliate in due parti uguali 300 g di pasta per modellazione verde e mettetene da parte un pezzo per creare il cappello. Modellatene metà in un salsicciotto e appiattitene le estremità. Passate il mattarello sulla superficie, assottigliando la pasta fino a farle raggiungere una lunghezza di circa 30 cm e una larghezza di 9 cm nel punto più largo al centro, mantenendo una forma regolare. Se la figura inizia a deformarsi, rimettete delicatamente a posto la pasta e tiratela nuovamente con il mattarello. Lavorate il bordo per arrotondarlo e ripetete l'operazione sul lato opposto.

11 Inumidite la parte inferiore del corpo del bambino con colla commestibile e attendete uno o due minuti perché diventi appiccicosa (in questo modo sarete certi che i lati del baccello aderiscano correttamente quando verranno applicati). Spingete delicatamente i lati in posizione contro la colla, lisciandoli, e incollate insieme le due estremità opposte.

Braccia

12 Dividete in due la pasta per modellazione beige tenue per creare le braccia. Per fare un braccio, formate una pallina liscia e priva di imperfezioni e fatene un salsicciotto, arrotondandone un'estremità per la mano. Appiattite la mano e assottigliatela leggermente su entrambi i lati.

13 Fate un taglio per il pollice, senza andare oltre la metà della mano dal vertice al polso. Assicuratevi che il taglio sia dritto e lasci un lato dritto da cui ritaglierete le altre dita. Tagliate prima al centro e ancora sui due lati, praticando dei tagli leggermente più corti di quello del pollice.

14 Lavorate il pollice e le altre dita delicatamente per arrotondarne i contorni e allungarle leggermente, premendo

maggiormente in corrispondenza delle nocche per creare una rientranza nella pasta. Segnate le unghie incidendo la pasta con il manico di un pennello. Spingete il pollice verso il palmo della mano per darle forma e fate ruotate il manico del pennello sulla parte superiore del polso per creare una rientranza.

15 Per i gomiti, premete delicatamente a metà tra il polso e la spalla e pizzicate la pasta verso l'esterno dietro. Spianate leggermente la spalla. Inumidite il corpo con colla commestibile e lasciatela diventare appiccicosa come sopra, quindi incollate le braccia, mantenendole in posizione per qualche istante fino a fissarle.

Occhi

16 Create due piccoli ovali di pasta per modellazione bianca basandovi sulla profondità delle orbite che avete fatto prima e inseriteli nelle orbite per fare gli occhi. Aggiungete due cerchietti marroni appiattiti nella parte inferiore di ciascun occhio e due cerchietti ancora più piccoli neri per le pupille. Create delle piccole ciglia utilizzando pasta per modellazione nera. Utilizzando il pennello fine e il

dolcetti dei bimbi pisello

colorante alimentare in pasta bianco, dipingete un piccolo riflesso nella stessa identica posizione in entrambi gli occhi.

Cappello

17 Inumidite la parte superiore della testa con colla commestibile. Tirate la pasta verde rimasta creando una forma ovale e avvolgetela intorno alla testa del bambino, lisciandone i contorni e formando una punta al vertice. Tagliate via la pasta in eccesso sul retro e uniformate la giuntura.

18 Servendovi dei ritagli verdi, create i rametti della pianta di pisello per decorare il vassoio. Spennellate un po' di colorante rosa in polvere sulle labbra e sulle guance del bambino per creare un po' di colorito.

Elementi aggiuntivi/alternativi per ogni bambino-pisello:

Ingredienti

2 tortine a cupola da 7 cm

Un po' di farcitura
(vedi ricette alle pagine 12-13)

Pasta di zucchero:

   65 g verde (per il corpo e il cappello)

Pasta per modellazione:

   50 g marrone/nero/gialla chiara
   (per i capelli)

   55 g marrone/beige tenue
   (per la testa e le braccia)

1 Per creare un dolcetto a palla, unite due tortine a cupola utilizzando la farcitura e spalmatene un po' sulla superficie per far aderire la pasta di zucchero.

2 Usate 60 g di pasta di zucchero verde per ricoprire completamente ciascuna palla, lisciandola bene. Ruotatela delicatamente in mano e spianatene la superficie con un pezzetto di pasta di

semicircolare. Create le fossette alle estremità premendo nella pasta la punta del manico di un pennello. Create un piccolo ovale per il naso e incollatelo con colla commestibile.

4 Fate due fossette ovali per le orbite utilizzando l'estremità più piccola di uno strumento punte a palla. Incollate due piccoli ovali di pasta per modellazione bianca al centro per creare gli occhi e due ovali più piccoli neri per le pupille. Per le ciglia, fate ruotare dei minuscoli pezzi di pasta per modellazione tra il pollice e l'indice, spingendoli delicatamente avanti e indietro in modo da renderli molto sottili. Incollate le due ciglia in posizione sul margine superiore degli occhi e ripiegatele agli angoli. Spennellate un po' di colore rosa in polvere sulle guance.

5 Per creare un cappellino, fate una pallina di pasta, spingete il centro nella parte inferiore e tirate e lisciate il contorno per allargare la falda. Create una punta sulla parte superiore.

6 Per i capelli, incollate dei pezzetti appiattiti di pasta per modellazione del colore prescelto e segnate delle righe sulla superficie utilizzando il manico di un pennello. Per fare i riccioli, aprite un pacchetto non impastato di pasta di zucchero e tagliatene delle fettine dalla superficie corrugata. Incollate i pezzetti intorno alla testa e premete con il manico di un pennello per nascondere le giunture. Aggiungete una pallina per il ciuffo in alto.

7 Tagliate a metà 10 g di pasta per modellazione beige tenue per ciascun paio di braccia e modellate le braccia come indicato per la torta principale.

Due pisellini in un baccello

Ricoprite due piccoli dolci sferici e incollateli insieme. Per il baccello, create i due lati opposti come indicato sopra, utilizzando 35 g di pasta per modellazione verde per ciascun lato.

Suggerimento

Potete sostituire la pasta di riso soffiato con un dolce, utilizzando 60 g di impasto per ogni palla. Create una palla con questa quantità di impasto o premete con forza l'impasto in uno stampino a cupola in silicone da 7 cm, premendo insieme le due metà per unirle quando il dolce è ancora caldo e morbido.

zucchero, massaggiandola delicatamente con un movimento circolare.

3 Utilizzate 45 g di pasta per modellazione beige tenue o marrone per ogni testa, creando una forma ovale. Premete un piccolo stampino circolare sulla parte inferiore per creare il sorriso, imprimendolo nella pasta in modo da creare un'incisione

scatola dei giochi

C'è qualcosa di adorabile nella prima scatola dei giochi di un bambino, con i suoi primissimi animali di peluche e giocattoli pre-scolari. Io ho decorato la scatola con immagini di animali da fattoria ma se siete a corto di tempo andranno benissimo anche un cuore, una stella o il nome del bambino creato con stampini delle lettere dell'alfabeto.

Ingredienti

2 torte quadrate da 15 cm di lato e 6 cm di spessore (vedi ricette a pagina 6-9)

400 g di crema di farcitura/copertura (vedi ricette alle pagine 12-13)

Pasta di zucchero:

    625 g giallo limone

    400 g giallo limone chiaro

    125 g color pesca

Pasta per modellazione:

    Un pezzettino nero

    35 g giallo limone

    450 g giallo limone chiaro

    115 g color pesca tenue

    90 g giallo chiaro

    145 g color pesca

    Un pezzettino bianco

    340 g gialla

Colla commestibile (vedi ricetta a pagina 15) (SK)

Attrezzatura

Attrezzatura base (vedi pagine 16-18)

Vassoio per torte quadrato da 30 cm

Vassoio per torte quadrato da 15 cm, anche sottile

Bacchetta di sostegno in plastica per torte

Stampini circolari da 2,5, 4 e 5 cm

Stampino a fiore

Beccucci per il piping: n. 4, 16 (PME)

2 bastoncini in carta per lecca-lecca

Qualche stuzzicadenti

Tappetino in rilievo da decorazione o paglietta per tegami nuova in plastica

Vassoio

1 Impastate la pasta di zucchero giallo limone chiaro finché non la sentite morbida e flessibile. Spolverizzate il piano di lavoro di zucchero a velo. Spargetene un po' sulla superficie della pasta di zucchero e tiratela con il mattarello, sollevandola e spostandola ogni volta che passate il mattarello per evitare che si attacchi al piano di lavoro. Dovrete raggiungere uno spessore di 2-3 mm e dimensioni sufficienti a poter ricoprire il vassoio.

2 Inumidite il vassoio con un po' d'acqua precedentemente bollita e raffreddata o con della colla commestibile, poi sollevate la pasta e posizionatela sul vassoio. Lisciate la superficie con una paletta, eliminate la pasta di zucchero in eccesso dal bordo del vassoio e mettete da parte ad asciugare.

Torta

3 Tagliate la crosta da ogni torta e livellate le parti superiori. Mettete un dolce sopra l'altro. Per lasciare spazio per i giocattoli e creare un bordo per sostenere il coperchio, tagliate un cuneo da 2,5 cm dalla parte superiore della torta, lasciando una striscia di dolce larga 5 cm e leggermente in pendenza. Tagliate degli strati in ogni torta e sovrapponeteli nuovamente con la farcitura. Spalmate uno strato di farcitura

sulla superficie per evitare che si stacchino briciole e per far aderire la pasta di zucchero. Disponete la torta sul vassoio, spostata leggermente indietro, e fissatela con una punta di farcitura.

Scatola dei giochi

4 Coprite per prima cosa la parte superiore della torta con la pasta di zucchero color pesca. Tagliate con attenzione intorno al bordo superiore in modo che i lati risultino regolari. Stendete la pasta di zucchero giallo limone fino a raggiungere uno spessore di 2-4 mm e tagliatene dei quadrati per coprire separatamente tutti i lati. Coprite prima le due facce laterali e poi quella anteriore e quella posteriore. Chiudete le giunture con colla commestibile e lavorate delicatamente la pasta per nasconderle.

5 Inserite la bacchetta leggermente spostata in avanti rispetto al centro della scatola e copritene la parte superiore con ritagli di pasta di zucchero giallo limone chiaro. Questa parte sosterrà il coperchio e formerà il paletto per gli anelli impilati. Per nascondere le giunture sui lati della torta, tirate sottile un po' di pasta

per modellazione color pesca chiaro e ritagliatene delle strisce per coprire gli spigoli della torta, smussando gli angoli.

Coperchio

6 Coprite il vassoio leggero con la pasta di zucchero giallo limone e arrotondatene leggermente i bordi (io ho coperto il retro del vassoio in modo che la copertura argentata risultasse visibile sotto il coperchio). Tirate la pasta per modellazione color pesca tenue e tagliatene delle strisce con gli spigoli smussati per i bordi del vassoio. Incollatele in posizione con la colla commestibile.

7 Per fare il muso della gallina, stendete un po' di pasta per modellazione color pesca tenue e ritagliatene un cerchio da 9 cm. Prendete il cerchio e tiratene la parte superiore per allungarlo, creando una forma ovale.

8 Per il becco, tagliate un cerchio da 5 cm di pasta per modellazione color pesca e allungatelo creando un ovale. Ritagliate due curve alla base dei due lati utilizzando un coltello e smussatele con le dita. Incidete le narici usando l'estremità

del manico di un pennello. Aggiungete delle piccole forme a goccia appiattite per le piume e occhi ovali bianchi, applicandovi poi sopra degli ovali neri più piccoli.

9 Utilizzando la stessa tecnica usata per il coperchio, create le decorazioni della scatola dei giochi con il cavallo sulla parte anteriore, la pecora e il maiale sulle facce laterali e la mucca sul retro.

Xilofono

10 Tirate sottile 60 g di pasta per modellazione giallo limone chiaro e ritagliate una forma rettangolare da 11 x 3 cm per la base. Per creare le barre, ritagliate dei rettangoli da 4,5 x 1,5 cm giallo limone chiaro, giallo limone, giallo chiaro, giallo, pesca tenue e pesca. Incollate una pallina gialla sulla punta di due bastoncini per lecca-lecca per creare le bacchette e mettete tutto da parte ad asciugare.

Palle

11 Fate due palle con 115 g di pasta per modellazione, una gialla e l'altra giallo limone chiaro. Tagliatele entrambe in quarti

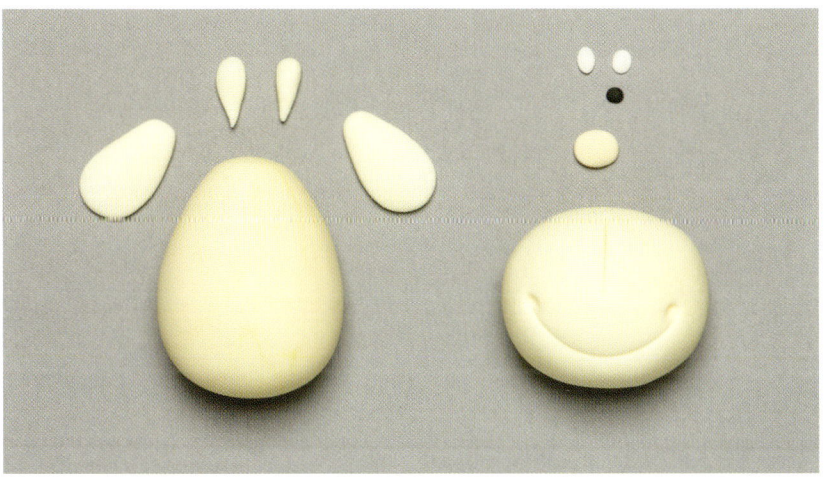

e incollate le sezioni alternando i colori, per creare una palla a strisce. Decorate con fiori e cerchi ritagliati da pasta per modellazione tirata sottile. Dividete gli avanzi, fateci delle palline e incollatele sulla parte superiore sollevata della scatola dei giochi.

Orsacchiotto

12 Fate una palla per la testa utilizzando 50 g di pasta per modellazione giallo limone chiaro. Create una palla da 15 g per il muso, attaccatela sulla testa con colla commestibile e imprimete una linea al centro con il retro della lama di un coltello. Incidete un semicerchio per il sorriso con lo stampino circolare più piccolo e create le fossette agli angoli con uno stuzzicadenti.

13 Create un salsicciotto per il braccio e incollatelo nella parte superiore della scatola dei giochi insieme alla testa. Aggiungete un naso color pesca e gli occhi, procedendo come sopra. Create due palline per le orecchie, facendo rientrare la parte centrale di ciascuna con l'estremità più piccola dello strumento punte a palla, e fissate in posizione.

Cane

14 Fate una pallina con 35 g di pasta per modellazione giallo limone per il corpo. Per la testa, create una forma a goccia arrotondata con 50 g di pasta per modellazione gialla. Per il muso, create un ovale con 35 g di pasta per modellazione giallo limone chiaro e incollatelo in posizione sulla testa, appoggiandolo alla parte anteriore della scatola dei giochi. Segnate il muso come sopra. Create due piccole forme a goccia per le orecchie e aggiungete altre due forme a goccia sulla testa per creare un ciuffo di peli.

15 Tagliate in due 15 g di pasta per modellazione gialla per fare le braccia del cane. Prima formate due salsicciotti e arrotondatene le estremità per creare le zampe. Incidete le zampe con il retro della lama di un coltello.

Sonaglio

16 Create una palla con 20 g di pasta per modellazione giallo limone chiaro e incidete una linea al centro con un coltello. Fate un foro nella parte inferiore per inserirvi il manico, utilizzando il retro di un pennello.

Per il manico, create una forma a goccia allungata di pasta per modellazione gialla e mettetela da parte ad asciugare. Decorate il sonaglio con fiori e pallini, come sopra.

Dentaruolo

17 Create delle palline con pezzi da 10 g di pasta per modellazione gialla, giallo limone chiaro e pesca tenue e appiattitele premendole con una paletta. Fate un forellino alla base di ogni disco utilizzando il beccuccio per il piping più piccolo. Create due minuscoli salsicciotti e infilateli nei fori, aggiungendo poi un manico giallo più grande. Incollate in posizione angolata appena sotto la striscia di sostegno.

Blocchetto da costruzione

18 Modellate un cubo con 30 g di pasta per modellazione gialla premendola su tutti i lati con una paletta. Incidete delle linee con un coltello e decorate con fiori utilizzando pasta per modellazione giallo limone chiaro tirata sottile.

Anelli

19 Fate una palla con 45 g di pasta per modellazione color pesca e appiattitela con una paletta. Fate un foro al centro usando il beccuccio per il piping più piccolo. Incollate in posizione sul paletto. Create altri due cerchi, uno giallo con 35 g di pasta per modellazione e uno giallo limone chiaro con 20 g di pasta.

20 Con 15 g di pasta per modellazione color pesca, fate un salsicciotto della larghezza della scatola dei giochi e incollatelo in posizione lungo il retro. Inumidite la parte superiore con colla commestibile e sistemate il coperchio in posizione, premendolo sulla striscia di pasta sul retro e appoggiando la parte anteriore sul paletto.

Bruco

21 Fate una palla con 20 g di pasta per modellazione giallo limone chiaro e schiacciatela con una paletta. Usate questa forma per la prima parte del corpo del bruco. Create delle palline sempre più piccole usando il giallo chiaro, il color pesca chiaro e il giallo, terminando con una pallina giallo limone chiaro all'estremità. Incollatele in posizione formando il corpo del bruco e decorate con fiori e cerchietti.

22 Per fare la testa, create una pallina con 30 g di pasta per modellazione giallo chiaro. Usate lo stampino circolare da 4 cm per incidere un sorriso, premendolo in posizione angolata. Create le fossette agli angoli con uno stuzzicadenti. Aggiungete gli occhi procedendo come sopra.

23 Per fare il cappello, fate una pallina con 5 g di pasta per modellazione gialla e premetela per appiattirla, ripassando delicatamente la superficie per tirare la pasta. Aggiungete una pallina sulla parte superiore e schiacciate per creare una forma a cupola. Aggiungete un piccolo fiore.

Tappetino

24 Per creare il tappetino a strisce, stendete la pasta per modellazione rimasta e ritagliate delle strisce di larghezze diverse. Decorate la superficie premendo sulla pasta una paglietta per tegami o un tappetino da decorazione con disegni in rilievo.

25 Disponete la prima striscia per il largo sul vassoio, a contatto con la parte anteriore della scatola dei giochi. Aggiungetene altre davanti e iniziate a disporle lungo i lati, terminando con un paio sul retro. Montate lo xilofono e aggiungete una pallina giallo limone chiaro sopra ogni barra. Disponete la palla sul tappetino, fissandola con colla commestibile.

cupcake

Questi cupcake coordinati sono facilissimi da decorare: spalmate la farcitura sulla parte superiore creando una forma a cupola e ricoprite con un sottile strato di pasta di zucchero di diverse tonalità di giallo e giallo limone intonate alla torta. Decorate con giocattoli in miniatura creati con la pasta per modellazione.

orsacchiotti

Gli orsetti sono un soggetto molto amato da più di un secolo e, anche se altri giocattoli o personaggi popolari a volte sono più in evidenza, l'orsacchiotto è intramontabile. In questo progetto ho usato toni chiari e smorzati ma questi orsacchiotti faranno un figurone in qualsiasi colore.

Ingredienti

2 torte a forma di cupola da 15cm, 2 da 10 cm e 2 da 7cm (oppure un cupcake grande o un muffin piccolo) - (vedi ricette a Pag. 6 e 9)

685 g di crema di farcitura/copertura (vedi ricette a Pag. 12 e 13)

Zucchero a velo in un dosatore

350 g di pasta di riso soffiato (vedi ricetta a Pag. 10)

Pasta di zucchero:

   5 g nera

   30 g marrone

   1,3 kg beige

   400 g azzurra

   200 g marroncino

   750 g color crema chiaro

Colla commestibile (vedi ricetta a Pag. 15)

Attrezzatura

Attrezzi base per la decorazione di torte (vedi da Pag. 16 a 18)

Vassoio quadrato da 30 cm di lato

3 bacchette di sostegno per torte in plastica

Pennello medio

Stampino a cerchio del diametro 3 cm

Vassoio

1 Impastate la pasta di zucchero azzurra finché non la sentite morbida e flessibile. Spolverizzate il piano di lavoro di zucchero a velo. Spargetene un po' sulla superficie della pasta di zucchero e tiratela con il mattarello, sollevandola e spostandola ogni volta che passate il mattarello per evitare che si attacchi al piano di lavoro. Dovrete raggiungere uno spessore di 2-3 mm e dimensioni sufficienti a poter ricoprire il vassoio.

2 Inumidite il vassoio con un po' d'acqua precedentemente bollita e raffreddata o con della colla commestibile, poi sollevate la pasta e posizionatela sul vassoio. Lisciate la superficie con una paletta ed eliminate la pasta di zucchero in eccesso dal bordo del vassoio. Fate due solchi con un righello e, con il retro della lama di un coltello, tracciate sulla pasta dei tratti irregolari per dare l'idea della superficie del legno. Mettete da parte ad asciugare.

Le teste degli orsi

3 Per l'orso grande prendete 225 g di composto di marshmallow e riso soffiato miscelati, mentre l'impasto è ancora tiepido, e modellate una palla con un diametro di 15 cm seguendo le istruzioni a Pag. 10. Spingete una bacchetta di sostegno per torte per circa 5 cm all'interno della base della palla e toglietela. Per l'orso medio utilizzate 100 g di pasta di riso soffiato e per l'orso piccolo 25 g. Fate un foro con la bacchetta come prima in ogni palla, tenendolo un po' più corto per l'orso più piccolo. Lasciate asciugare per circa 10 minuti.

4 Quando le teste si sono asciugate, usate dei pezzettini di pasta di zucchero per riempire eventuali irregolarità sulla

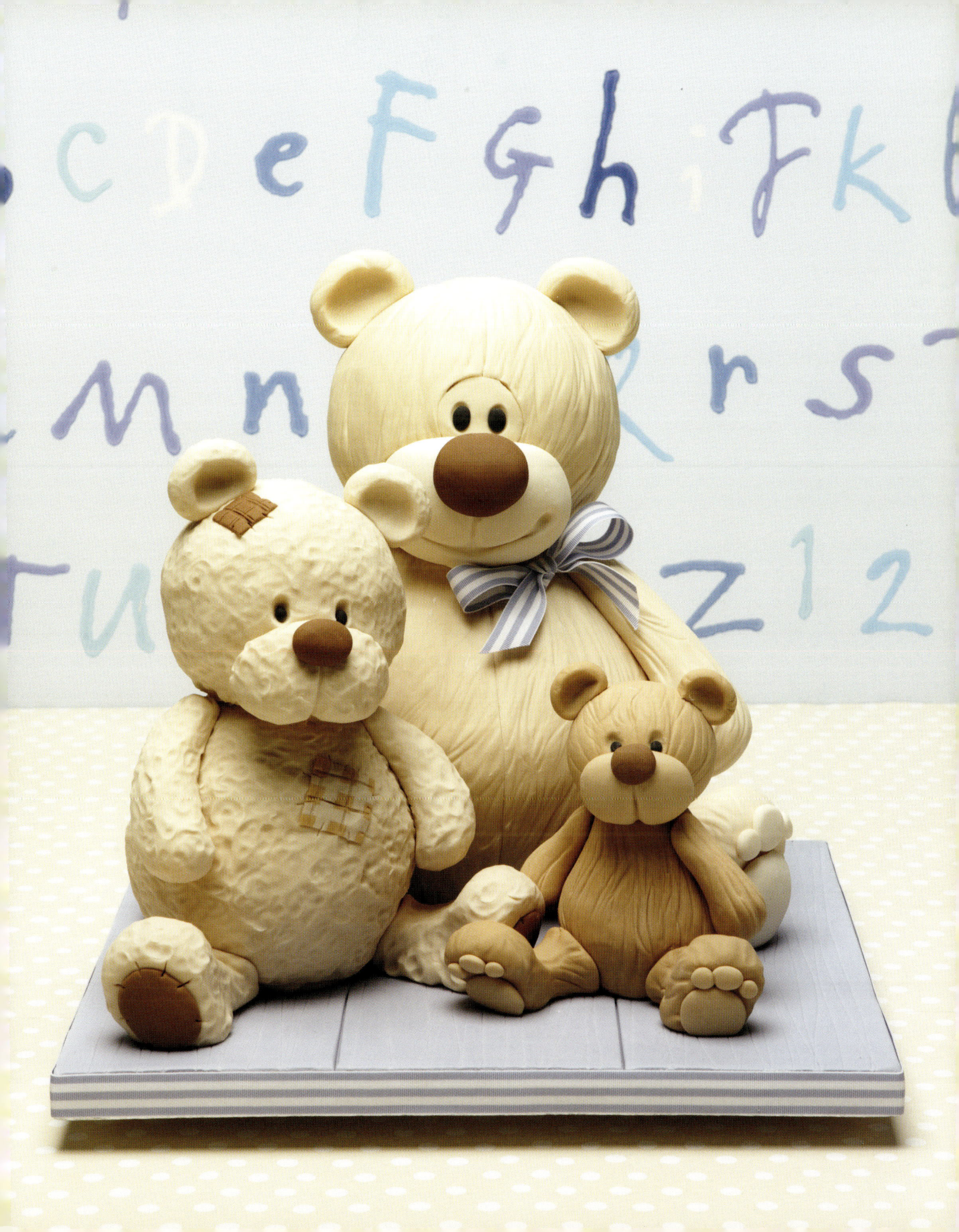

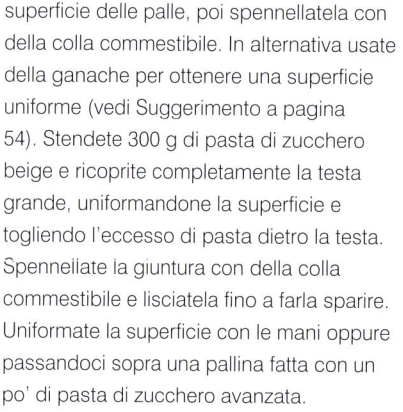

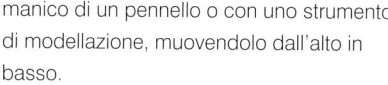

superficie delle palle, poi spennellatela con della colla commestibile. In alternativa usate della ganache per ottenere una superficie uniforme (vedi Suggerimento a pagina 54). Stendete 300 g di pasta di zucchero beige e ricoprite completamente la testa grande, uniformandone la superficie e togliendo l'eccesso di pasta dietro la testa. Spennellate la giuntura con della colla commestibile e lisciatela fino a farla sparire. Uniformate la superficie con le mani oppure passandoci sopra una pallina fatta con un po' di pasta di zucchero avanzata.

5 Tracciate un cerchio al centro del muso, premendoci contro uno stampino circolare, e fate due fossette per gli occhi premendo con le dita. Per creare l'effetto pelliccia, tracciate delle linee sulla superficie della pasta con la punta del manico di un pennello o con uno strumento di modellazione, muovendolo dall'alto in basso.

6 Ricoprite la testa di grandezza media con 125 g di pasta di zucchero beige e create un motivo tipo pelo premendo leggermente con i polpastrelli sulla pasta. Fate due fossette per gli occhi con il manico del pennello, facendolo girare per allargarle.

7 Ricoprite la testa piccola con un po' di pasta marroncina, tracciate delle linee sulla superficie e fate due fossette per gli occhi come prima. Mettete da parte le tre teste per usarle in seguito.

Corpi

8 Tagliate via la crosta dalle torte e livellatene la parte superiore. Tagliate uno strato in ogni torta e unite due torte semisferiche uguali per ottenere una forma sferica. Se preferite potete utilizzare un cupcake o muffin, mettendo come base la parta più larga, per fare l'orso più piccolo. Smussate il bordo superiore di ogni torta per assottigliarla leggermente, in modo da rendere più tonda la pancia dell'orso. Rimontate gli strati di torta tolti prima inserendo la farcitura e ricoprite ogni torta con uno strato di crema di copertura per non far staccare le briciole e far aderire meglio la pasta di zucchero.

9 Per il corpo dell'orso grande stendete 450 g di pasta di zucchero beige e

Suggerimento:

Se preferite usare delle torte per fare le teste degli orsacchiotti, cuocetele in teglie a forma di cupola dei diametri richiesti, unite due semisfere per ogni testa e mettetele su un vassoietto. In questo caso dovrete inserire 3 bacchette di sostengo nel corpo dell'orso, da tagliare a livello con la parte superiore del corpo, per reggere il peso della testa.

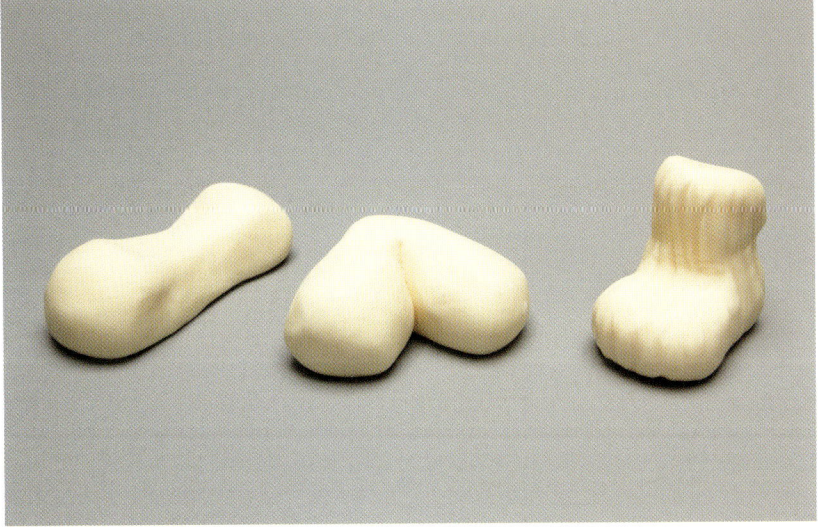

ricopritene completamente la torta, lisciando tutta la superficie, eliminando le pieghe e levigando la pasta di zucchero verso la base. Tagliate via l'eccesso di pasta attorno al margine in basso o piegatelo sotto il bordo in modo da arrotondare la base. Incidete la pelliccia passando la punta del manico del pennello sulla superficie della torta, partendo dalla base con un movimento verso l'alto. Posizionate la torta al centro del vassoio ma spostata all'indietro, in modo che la parte posteriore della torta sia a filo del bordo del vassoio.

10 Ricoprite il corpo dell'orsacchiotto di taglia media con 260 g di pasta di zucchero crema chiaro. Imprimete il motivo della pelliccia con la punta delle dita come prima.

11 Ricoprite il corpo dell'orso piccolo nello stesso modo con della pasta di zucchero marroncina e tracciate i segni della pelliccia con il manico del pennello. Posizionate gli orsacchiotti sul vassoio lasciando abbastanza spazio da poter mettere le zampe e fissate con un po' di colla commestibile.

Zampe posteriori e "piedi"

12 Per le zampe posteriori dell'orso grande, dividete 300 g di pasta di zucchero beige in due parti uguali e formate due salsicciotti. Piegate un'estremità di ciascuna zampa per formare il piede e premete delicatamente su entrambi i lati per allungare e assottigliare il piede. Imprimete delle linee per il pelo come prima. Tagliate l'altra estremità di ciascuna zampa in diagonale e incollatele al corpo. Aggiungete dei cerchi di pasta di zucchero crema chiaro a ogni piede per fare i polpastrelli e la pianta del piede.

13 Realizzate le zampe posteriori dell'orso medio e piccolo come prima e imprimetevi lo stesso motivo della pelliccia che avete usato per il corpo. Vi occorreranno 145 g di pasta di zucchero per l'orso medio e 75 g per quello piccolo.

14 Incollate un piccolo ovale marrone sotto entrambi i piedi dell'orso medio, poi fate dei taglietti con un coltellino vicino al bordo dell'ovale per ottenere un effetto

cucitura. Stendete un po' di pasta di zucchero marrone e ricavate un quadrato per la toppa sulla testa dell'orso. Imprimeteci il disegno e le cuciture con un coltellino. Realizzate i polpastrelli dell'orso piccolo in marroncino e incollateli alle zampe con un po' di colla commestibile.

Zampe anteriori

15 Dividete a metà 200 g di pasta di zucchero beige per fare le zampe anteriori dell'orso grande. Prima di tutto spennellate entrambi i lati del corpo di colla commestibile e aspettate finché diventa ben appiccicosa. Formate due salsicciotti con la pasta, arrotondando una delle due estremità di ognuno, poi premeteli nella posizione giusta. Tracciate il motivo della pelliccia come prima.

16 Fate le zampe per gli altri orsetti utilizzando 75 g di pasta crema chiaro per l'orso medio e 20 g di marroncino per quello piccolo. Tracciate sempre la pelliccia con lo stesso metodo usato per il corpo.

Musi

17 Inumidite la parte bassa del muso dell'orso grande con la colla commestibile per applicarvi la parte sporgente del muso e lasciate asciugare qualche secondo per rendere la superficie più appiccicosa. Formate un ovale con 75 g di pasta di zucchero crema chiaro e schiacciatelo leggermente sul piano di lavoro per appiattirlo. Appoggiate l'ovale sulla colla e tenetelo in posa con le mani per qualche secondo, finché non sarà ben fissato.

18 Con la punta del manico di un pennello tracciate un semicerchio per il sorriso dell'orso, poi muovete le setole del pennello avanti e indietro per allargare il sorriso al centro e alle estremità. Tracciate una linea verso l'alto dal centro della bocca. Pizzicate leggermente la pasta in basso per formare il mento.

19 Formate la parte sporgente del muso degli altri due orsetti usando 45 g di pasta per l'orso medio e 15 g per quello piccolo. Fate degli ovali, incollateli al loro posto e tracciate una linea in verticale al centro del muso con la punta del manico del pennello, tirando la pasta verso l'alto.

20 Fate tutti i nasi con della pasta marrone e tutti gli occhi, di forma ovale, con quella nera. Incollate i nasi e gli occhi al loro posto con colla commestibile.

Orecchie

21 Dividete la pasta beige rimasta in due parti e formate due palline per fare le orecchie dell'orso grande. Premete al centro di ogni orecchio per creare una fossettina e tagliate dritta la parte da incollare alla testa. Incollatele e tracciate il motivo della pelliccia come prima. Realizzate le altre orecchie utilizzando la pasta crema chiaro per l'orso medio e marroncina per quello piccolo.

Toppa

22 Per fare la toppa sul torace dell'orso medio, tirate un pezzettino di pasta crema chiaro il più sottile possibile, aiutandovi con abbondante zucchero a velo sul piano di lavoro, ricavate delle striscioline e mettetele da parte. Tirate sottile un po' di pasta marroncina e incollateci sopra le strisce crema con un po' di colla commestibile. Premete le strisce per assicurarvi che non si spostino e che non ci sia troppa colla, poi passate il mattarello sopra la pasta per incorporare le strisce chiare nella pasta marroncina. Ritagliate quindi un piccolo quadrato e incidetevi delle linee con un coltello. Incollate la toppa sul corpo dell'orso medio e tracciate delle cuciture sul bordo esterno della toppa.

mini orsi

Sono fatti nello stesso modo dell'orso piccolo nel progetto principale. Dovrete solo cambiare il colore, la trama della pelliccia e la posa. Un gruppo di questi orsetti disposti in posizioni diverse ha un effetto molto carino.

Materiale extra/alternativo per ogni tortina

Ingredienti

1 tortina a forma di cupola 2x7cm (oppure un cupcake grande/muffin piccolo) per ogni corpo

25 g di pasta di riso soffiato
(vedi ricetta Pag. 10)

Pasta di zucchero:

    un pezzettino nero

    220 g nella tonalità di marrone preferita

    5 g marrone scuro

Attrezzatura

Bastoncini di carta per lecca-lecca
(facoltativi)

1 Fate gli orsi seguendo la stessa procedura descritta nel progetto principale, usando la tonalità di marrone che preferite. Avrete bisogno di 30 g di pasta per ricoprire la testa, 75 g per il corpo, 20 g per le zampe anteriori, 75 g per quelle posteriori, 15 g per la parte sporgente del muso e 5 g per le orecchie. Se volete mettere le zampe anteriori o posteriori sollevate, utilizzate dei bastoncini da lecca-lecca come sostegno se necessario.

2 Aggiungete il naso e i polpastrelli sotto i piedi in marrone scuro e finite con gli occhietti neri.

le espressioni dell'orso

Qui accanto, in diversi colori, potete vedere degli esempi di come i musi degli orsi possano essere tutti diversi. Anche il progetto principale può essere realizzato con tutti gli orsetti rosa, azzurri o in qualsiasi altra tonalità pastello.

Materiale extra/alternativo per ogni dolce

Ingredienti

Una tortina a forma di cupola di 7 cm di diametro (può essere cotta in una forma in silicone resistente al forno o in una teglia a forma di cupola)

Un po' di crema di copertura (vedi ricette alle pagine 12 e 13)

Pasta di zucchero:

Un pizzico di nero

45 g di un colore a vostra scelta

Attrezzatura

Piccoli vassoi in cartone leggero o cerchi di carta forno

Suggerimento:

Per realizzare le tortine per le teste dei mini orsacchiotti potete usare anche delle coppe da gelato in acciaio inossidabile o ciotole in ceramica o vetro che possano andare in forno. Le potete trovare nei negozi di casalinghi o nel reparto casalinghi dei supermercati.

1 Posizionate ogni tortina sul suo vassoio o mettete della carta forno tagliata a misura sotto il dolce per proteggerne il lato inferiore. Spalmate la superficie della tortina con un velo di crema di copertura e tirate 35 g di pasta di zucchero in modo da ricoprirla, lisciandola bene tutto intorno. Usate un coltello per eliminare l'eccesso di pasta alla base oppure ripiegatela sotto la torta per dare un effetto più arrotondato.

2 Utilizzate 35 g di pasta di zucchero per la parte sporgente del muso e 10 g di pasta per ciascun orecchio. Fate le orecchie con lo stesso metodo usato per l'orso grande. Attaccatele al loro posto con colla commestibile. Create l'incavo degli occhi, la bocca e il motivo della pelliccia come prima. Infine aggiungete due piccoli ovali di pasta nera per gli occhi.

castelli delle fiabe

Due castelli, per il vostro principino o la vostra principessina, in tenere tonalità di rosa o azzurro. Ho inserito un altro classico senza tempo aggiungendo un orsacchiotto qua e là, con due orsetti-soldato a guardia dell'ingresso

castello azzurro

Ingredienti

Torta quadrata da 15 cm e torta rotonda da 10 cm, di circa 8 cm di spessore (vedi ricette a pagina 6-9)

450 g di crema di farcitura/copertura (vedi ricette alle pagine 12-13)

Pasta di zucchero:

800 g azzurra

210 g azzurro chiaro

Pasta per modellazione:

Un pezzettino nero (facoltativo)

20 g azzurra

700 g azzurro chiaro

10 g beige tenue

5 g bianca

Colorante alimentare in polvere: azzurro, rosa (SK)

Colorante alimentare in pasta o liquido: nero (SK)

Colla commestibile (vedi ricetta a pagina 15) (SK)

Bastoncino di zucchero o spaghetto crudo (vedi pagina 15)

Attrezzatura

Attrezzatura base (vedi pagine 16-18)

Vassoio per torte da 30 cm, rotondo per il castello rosa e quadrato per il castello azzurro

Vassoio per torte rotondo da 8 cm, sottile

3 bacchette di sostegno in plastica per torte

Pennelli: fine e medio (SK)

Un pezzetto di cartoncino

Cartamodelli (vedi pagina 111)

Stampino quadrato da 1,5 cm

Qualche stuzzicadenti

Beccucci per il piping: n. 1, 2, 17 (PME)

Vassoio

1 Impastate 440 g di pasta di zucchero azzurro chiaro (per il castello azzurro) finché non la sentite morbida e flessibile. Spolverizzate il piano di lavoro di zucchero a velo. Spargetene un po' sulla superficie della pasta di zucchero e tiratela con il mattarello, sollevandola e spostandola ogni volta che passate il mattarello per evitare che si attacchi al piano di lavoro.

Dovrete raggiungere uno spessore di 2-3 mm e dimensioni sufficienti a poter ricoprire il vassoio.

2 Inumidite il vassoio con un po' d'acqua precedentemente bollita e raffreddata o con della colla commestibile, poi sollevate la pasta e posizionatela sul vassoio. Lisciate la superficie con una paletta, eliminate la pasta di zucchero in eccesso dal bordo del vassoio e mettete da parte ad asciugare.

Torte

3 Tagliate la crosta da ogni torta e livellate le parti superiori. Tagliate degli strati in ogni torta e sovrapponeteli nuovamente con la farcitura. Spalmate uno strato di farcitura sulla superficie per evitare che si stacchino briciole e far aderire la pasta di zucchero. Disponete la torta più grande al centro del vassoio coperto e quella più piccola sul vassoio sottile.

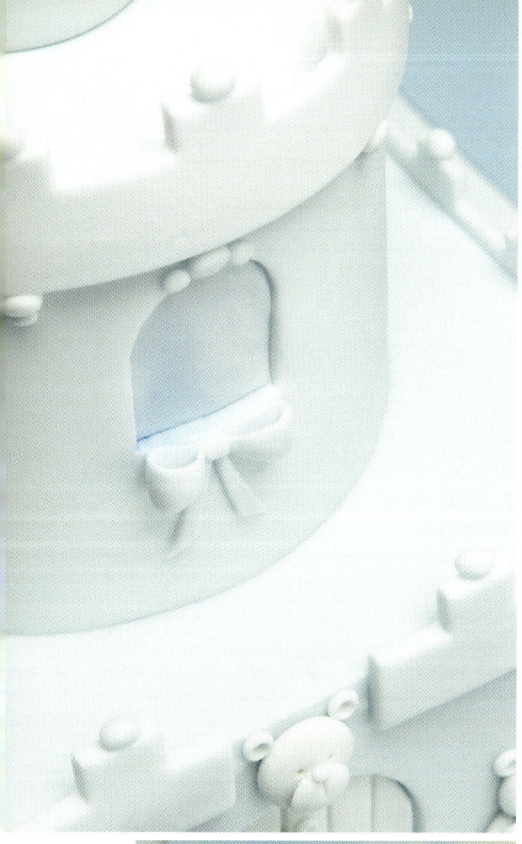

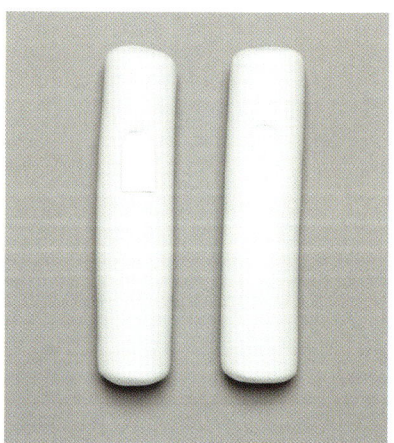

4 Coprite separatamente i lati in modo da ottenere un bordo superiore con uno spigolo netto, così che i merli stiano dritti. Stendete 75 g di pasta di zucchero azzurra e ritagliate un rettangolo per coprire la parte anteriore del dolce, utilizzando un righello per misurarla con precisione. Ripetete l'operazione per gli altri tre lati. Stendete la pasta di zucchero azzurra rimasta e tagliatene un pezzo per coprire la parte superiore, rendendo il più precisa possibile la giuntura.

Suggerimento

Se usate una pasta di zucchero molto elastica che potete assottigliare molto senza che si laceri, potete coprire la torta grande con un unico pezzo di pasta di zucchero e usare la paletta per creare un bordo netto in alto.

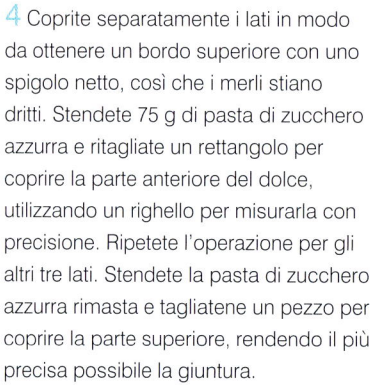

5 Il livello inferiore potrebbe non riuscire a sostenere il peso di quello superiore quindi è meglio rinforzarlo. Infilate tre bacchette di sostegno nel centro della torta, entro un diametro di 8 cm. Segnate ciascuna bacchetta all'altezza della pasta di zucchero e rimuovetele. Tagliatele dando loro la stessa lunghezza, all'altezza del segno posto più in basso (per assicurarvi che non ci siano spazi vuoti tra i due piani). Coprite la torta più piccola seguendo le istruzioni per la copertura della base del castello rosa, utilizzando 210 g di pasta di zucchero azzurra (vedi pagina 78). Mettete la torta su un vassoio sottile delle sue stesse dimensioni e posizionatelo sopra lo strato inferiore, fissandolo con un po' di colla commestibile.

6 Usando i cartamodelli per la porta e per la finestra più grande, ritagliate la cornice della porta e della finestra sulla parte anteriore dello livello superiore e rimuovete la pasta di zucchero all'interno della cornice. Stendete sottili 10 g di pasta di zucchero azzurra e ritagliate la forma della porta. Incidete delle linee con il righello e fissate in posizione con colla commestibile. Tirate sottile un pezzo della stessa pasta per riempire la finestra.

Torrette

7 Il castello azzurro ha quattro torrette, una per angolo, che coprono le giunture. Usate 100 g di pasta per modellazione

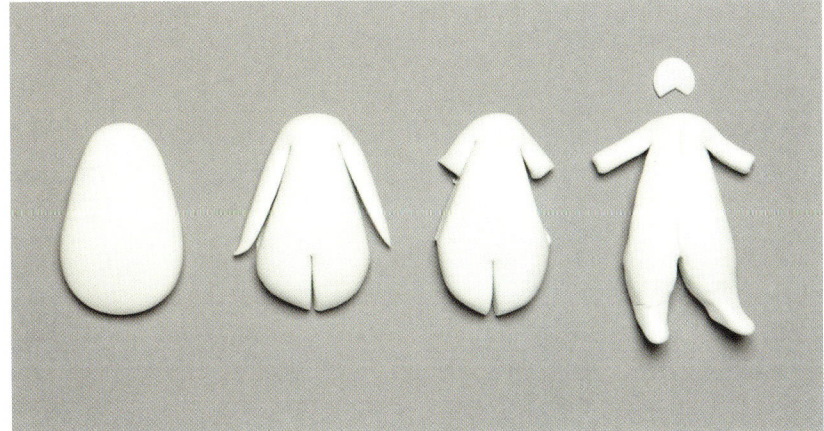

azzurra per ogni torretta. Fate un salsicciotto lungo 13 cm e tagliatene di netto le estremità. Usate 75 g di pasta per fare la torretta in cima al castello, che dovrà misurare 6 cm di altezza. Incidete tutte le finestre premendo sulla superficie il cartamodello della finestra piccola ritagliato da un pezzo di cartoncino. Lasciate asciugare le torrette più alte disponendole in orizzontale e fissate in posizione la torretta superiore.

Merli

8 Per fare i merli, tagliate delle strisce alte 2,5 cm di pasta per modellazione tirata sottile e ritagliate dei mezzi quadrati dalla parte superiore utilizzando lo stampino quadrato piccolo. Attaccate i merli iniziando dalla parte superiore della torta, quindi usateli per decorare il bordo superiore della torretta in alto. Incollate le torrette del piano in alto in posizione dopo averle lasciate asciugare, quindi create i merli per la torta quadrata.

9 Fate la maniglia della porta e fissatela in posizione con colla commestibile. Per il fiocco, fate due salsicciotti allungati con due pezzi di pasta per modellazione azzurri delle dimensioni di un pisello

e premeteli per appiattirli. Create un anello con ciascuno e incollate con colla commestibile. Stendete e ritagliate due nastri, incollateli in posizione con gli anelli e aggiungete una pallina appiattita al centro per fare il nodo.

Orsacchiotti

10 Gli orsacchiotti che decorano i due castelli sono fatti di pasta per modellazione azzurra o rosa chiaro. Create prima due gocce per i corpi dei soldati, appiattitele e incollatele in posizione ai due lati della porta. Per fare le gambe, usate un pezzetto di pasta delle dimensioni di un pisello per ognuna: formate dei piccoli salsicciotti e piegatene

un'estremità per fare il piede. Incollate dei piccoli salsicciotti per le braccia sui due lati. Create una pallina per la testa, poi una pallina più piccola per il muso e premetela per appiattirla prima di incollarla in posizione. Segnate ciascun muso con un coltello. Incidete gli occhi con uno stuzzicadenti. Aggiungete due piccole orecchie per ciascun orso e fateci una fossetta con il manico di un pennello. Create i fiocchi per il collo come indicato prima.

11 Fate una testa d'orso da mettere sopra la porta e una da applicare alla porta, aggiungendole sotto un anellino di pasta per modellazione per fare il battente.

12 L'orsacchiotto del bambino sulla parte anteriore della torta è fatto di pasta per modellazione azzurra o rosa chiaro. Modellate come indicato sopra ma incidete un sorriso usando un beccuccio per il piping n. 17 premuto in posizione angolata e create le fossette agli angoli con uno stuzzicadenti. Aggiungete due occhietti neri tagliati con un beccuccio n.1. Fate dei piccoli fori in cui infilare le gambe e lasciatele appoggiate a un sostegno finché la pasta non sarà asciutta.

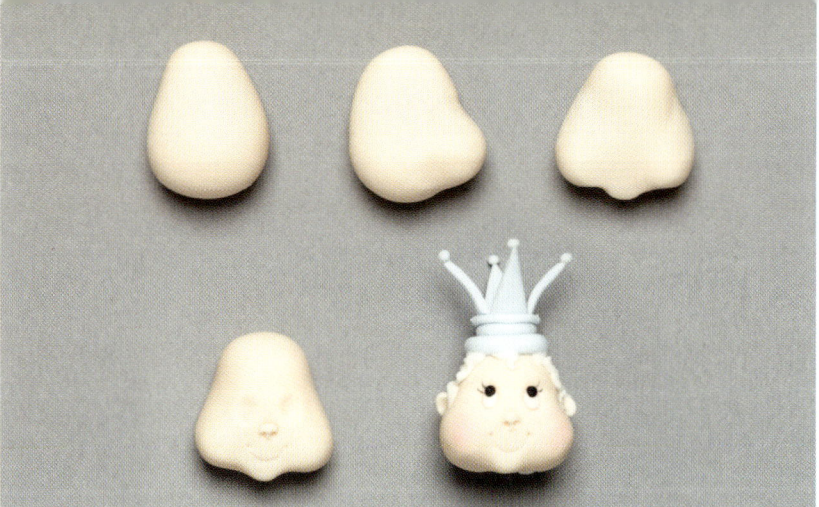

Pigiamino

13 Per fare il pigiamino del bambino, create una goccia arrotondata con 20 g di pasta per modellazione azzurra e premetela per appiattirla leggermente. Fate un taglio sui due lati dell'estremità più sottile per separare le maniche e tagliate alla base per dividere le gambe. Ripassate con le dita per lisciare i bordi e arrotondate le maniche e le gambe. Pizzicate la pasta vicino all'estremità di ciascuna gamba per fare il piede. Tagliate di netto le estremità delle maniche e fate un forellino in ciascuna per potervi inserire le mani.

14 Incidete il centro del pigiamino con un coltello e fate dei forellini per i bottoni utilizzando uno stuzzicadenti. Per il colletto, fate una pallina delle dimensioni di un pisello con la pasta per modellazione azzurra e premetela per appiattirla. Ritagliatene una piccola sezione su un lato e incollate il colletto in posizione.

Mani

15 Create due goccioline, usando un pezzo di pasta per modellazione beige tenue delle dimensioni di un pisello per ogni mano, e premetele per appiattirle leggermente. Tagliate i pollici sui due lati opposti e fate altri tre tagli lungo la parte superiore della mano per separare le dita. Premete delicatamente insieme le dita, ripassandole con attenzione per allungarle un po', e premete i pollici verso i palmi per mettere le mani in una posizione naturale. Incollate in posizione le mani con un po' di colla commestibile.

Testa

16 Infilate un bastoncino di zucchero o un pezzo di spaghetto crudo nel corpo, lasciandone emergere circa 2 cm per sostenere la testa. Mettete da parte un pezzetto di pasta per modellazione beige tenue per il naso e le orecchie e formate una palla con il resto. Pizzicate l'area della guancia per renderla più piena e ripetete l'operazione sul lato opposto. Premete dal centro del viso verso il basso per appiattire l'area della bocca e pizzicate sui due lati per formare il mento in basso. Fate due fossette per le orbite con il manico di un pennello.

17 Incidete il sorriso premendo un beccuccio per il piping n. 17 tenuto in posizione angolata verso l'alto per creare un semicerchio e fate le fossette agli angoli con uno stuzzicadenti. Fate due minuscole palline di bianco per gli occhi e aggiungete

delle pupille ritagliandole dalla pasta nera con il beccuccio per il piping n. 2, oppure dipingendole con colorante alimentare nero e un pennello fine. Dipingete le ciglia. Create due palline per le orecchie, fate una fossetta al centro di ciascuna con il manico di un pennello e incollatele in posizione con un po' di colla commestibile. Spolverizzate un po' di colorante in polvere rosa sulle guance.

Corona

18 Aggiungete una pallina appiattita (dischetto) al vertice della testa del bambino per formare la base della corona. Incollate dei pezzi di pasta bianca appiattiti sulla testa e usate un pennello umido per decorare la superficie. Applicate alla corona una seconda pallina appiattita, leggermente più piccola della precedente, e createne un'altra delle stesse dimensioni appiattendola di più in modo da renderla più larga e sottile. Stendete ancora un po' di pasta, ritagliate quattro triangoli allungati da circa 1 cm e incollateli a distanze regolari intorno alla parte superiore della corona. Aggiungete una pallina al vertice di ogni punta.

Ultimi ritocchi

19 Usate la pasta per modellazione azzurra per fare un piccolo muso d'orso per decorare la tutina. Spolverizzate di colorante in polvere azzurro la base della torta e le finestre.

castello rosa

Il progetto si può facilmente adattare alla realizzazione di un castello rosa per una principessina.
Dovreto sostituire la pasta di zucchero e la pasta per modellazione azzurre con quella rosa e
apportare alcune modifiche al progetto, come descritto nella prossima pagina.

Ingredienti

Torte rotonde da 18 e 10 cm di diametro e 8 cm
circa di spessore (vedi ricette a pagina 6-9)

450 g di crema di farcitura/copertura
(vedi ricette alle pagine 12-13)

Pasta di zucchero:

   210 g rosa chiaro

   750 g rosa

Pasta per modellazione:

   Un pezzettino nero (facoltativo)

   600 g rosa chiaro

   20 g rosa

   10 g beige tenue

   5 g bianca

Colorante alimentare in polvere: rosa (SK)

Colorante alimentare in pasta o liquido: nero
(SK)

Colla commestibile (vedi ricetta a pagina 15)
(SK)

Bastoncino di zucchero o spaghetto crudo
(vedi pagina 15)

Attrezzatura

Stessa attrezzatura usata per il castello azzurro,
salvo il vassoio quadrato da 30 cm, sostituito
da uno rotondo.

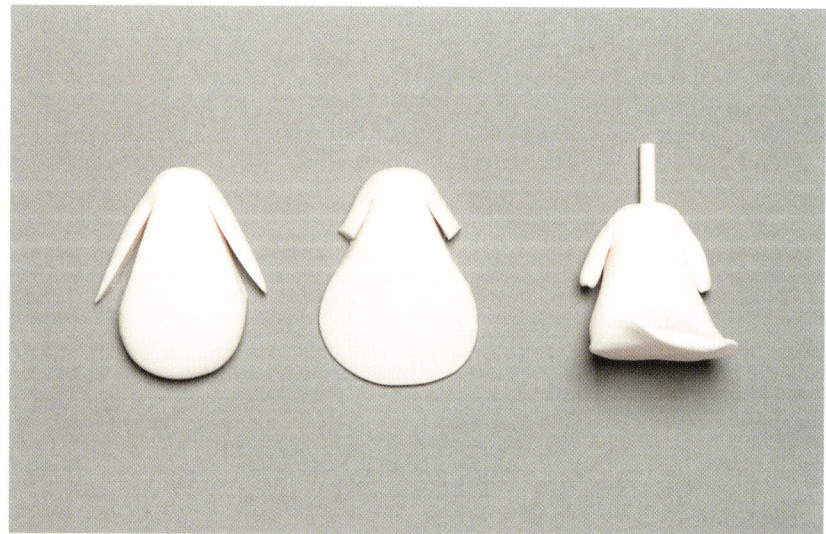

1 Per coprire il vassoio, stendete 315 g di pasta di zucchero rosa chiaro e procedete come al solito.

2 Per coprire la torta più grande, stendete 300 g di pasta di zucchero rosa e tagliatene una striscia per coprirne i lati. Cospargete la striscia di zucchero a velo e arrotolatela con cura. Disponete la pasta di zucchero arrotolata a contatto con i bordi del dolce, allineata con il punto in cui verrà posizionata una torretta in modo da nascondere la giuntura, quindi srotolate la pasta intorno alla torta. Tagliate via la pasta in eccesso dalla giuntura e chiudetela aggiungendo un po' di colla commestibile e uniformando delicatamente. Stendete la pasta di zucchero rosa rimasta e coprite la parte superiore della torta. Lisciate con una paletta e tagliate intorno al margine superiore, mantenendo il bordo il più regolare possibile, in modo che i merli stiano dritti.

3 Supportate il piano inferiore come sopra e coprite quello superiore. Disponetelo su un vassoio e posizionatelo sulla torta più grande.

4 Create le finestre e le porte procedendo come per il castello azzurro. Per le torrette, tenete presente che il castello rosa ne ha due, ai due lati della porta. Seguite lo stesso procedimento usato per il castello azzurro, utilizzando però la pasta per modellazione rosa. Fissate le torrette in posizione e aggiungete i merli lungo i bordi superiori delle torte. Aggiungete una maniglia per la porta procedendo come sopra.

5 Per fare i tetti a punta, dividete 120 g di pasta per modellazione rosa chiaro in tre parti, di cui una leggermente più grande delle altre. Create una goccia con il pezzo più grande e premete il lato più largo sul piano di lavoro per appiattirlo. Lavorate i lati e schiacciateli delicatamente per allargare la base, quindi incollate in posizione sulla torretta superiore. Procedete nello stesso modo per fare i tetti più piccoli delle altre due torrette ai lati della porta e fissatele in posizione.

6 Decorate i merli e l'area intorno alle finestre del castello rosa con palline di pasta per modellazione. Aggiungete un fiocco procedendo come sopra.

7 Seguite le istruzioni per gli orsacchiotti ai due lati della porta e create le teste di orso per l'architrave della porta e il battente. Aggiungete teste di orso e fiocchi sulla cima di ciascun tetto del castello rosa. Modellate un orsacchiotto per la bambina procedendo come sopra.

8 Create una camicia da notte per la bambina al posto del pigiama. Fate una goccia con 15 g di pasta per modellazione rosa chiaro e premetela per appiattirla leggermente. Incidete un taglio su ciascun lato per fare le maniche e lavoratele delicatamente per arrotondarle. Tagliate via la pasta in eccesso alla base e fate dei forellini nelle maniche per inserirvi le mani. Lisciate il bordo della camicia da notte per assottigliarla e create delle leggere ondulazioni. Piegate leggermente la camicia da notte.

9 Create la testa, la faccia e le mani come indicato sopra. Aggiungete una corona sulla testa della bambina e una testa d'orso sulla camicia da notte.

10 Spolverizzate la base della torta e le finestre con colorante in polvere rosa.

mini-castelli

Possono essere ottenuti da un dolce di qualsiasi dimensione, a seconda di quanti ve ne occorrono. Io ho usato dei dolci da 5 cm che possono essere ritagliati da una torta più grande, misurando attentamente i quadrati o utilizzando uno stampino circolare per ricavare dei cerchi. In alternativa, potete cuocere gruppi di minicake rotondi o quadrati utilizzando teglie speciali (disponibili presso i rivenditori di articoli per pasticceria, vedi pagina 112).

Materiale aggiuntivo/alternativo per ogni castello:

Ingredienti

Tortina tonda da 5 cm, spessore 4 cm

Un po' di farcitura
(vedi ricette alle pagine 12-13)

Pasta di zucchero:
 200 g azzurra o 175 g rosa chiaro

Attrezzatura

Vassoio per torte quadrato o rotondo da 10 cm, sottile

Stampino quadrato da 1 cm

Cartamodelli*

*Ritagliate dei cartamodelli leggermente più piccoli di quelli usati per la torta principale: la porta dovrà misurare 2 x 3 cm e le finestre 0,5 x 1,5 cm. Arrotondate leggermente la porta e le finestre nella parte superiore.

1 Stendete un po' di pasta di zucchero azzurra o rosa chiaro e coprite il vassoietto. Tagliate precisamente i bordi.

2 Tagliate a strati e farcite il minicake; questo ne farà aumentare lo spessore a circa 4,5-5 cm. Per coprirlo, stendete sottile la pasta di zucchero rimasta e coprite interamente la tortina, lisciandola verso il basso e sui lati. Usate una paletta per uniformare la superficie e rimuovere le eventuali imperfezioni. Tagliate via la pasta in eccesso intorno alla base; per i minicake rotondi potrete usare uno stampino

circolare leggermente più grande del dolce. Disponete la tortina al centro del vassoio coperto.

3 Formate un cilindretto di pasta e incollatelo sul castello con un po' di colla commestibile.

4 Stendete la pasta di zucchero rimanente e create i merli con lo stesso procedimento usato per la torta principale, usando uno stampino quadrato da 1 cm. Montate i tetti appuntiti sul castello rosa e aggiungete la porta, le finestre e l'orsetto, procedendo come per la torta principale.

cupcake a corona

I mini-castelli sono belli ma richiedono un po' di tempo se dovete preparare numerosi dolcetti. Un'alternativa per riempire il tavolo della festa e aumentare il numero di porzioni consiste nell'usare questi semplicissimi cupcake a corona. Usate un cupcake di misura standard e spalmatene la parte superiore con la farcitura creando una forma a cupola. Ricoprite con un sottile strato di pasta di zucchero ritagliato con uno stampino circolare da 7 cm (o della dimensione dei vostri cupcake).

Preparate le corone in anticipo con 20 g di pasta per modellazione (vedi istruzioni per la torta principale), quindi disponetele sui cupcake appena coperti. Se dovete prepararne molte, potete usare uno stampino per fare i cerchi sulla punta della corona.

blocchetti

Questa idea mi è venuta osservando una bambina di un anno di nome Hannah che impilava ripetutamente dei blocchetti nel suo carrettino. Impilava anche altri giocattoli, uno per uno, divertendosi un mondo a vuotare la sua scatola dei giochi e facendo divertire anche tutti i presenti… fino al momento di rimettere in ordine, naturalmente.

Ingredienti

1 torta quadrata da 20 cm e 2 torte quadrate da 10 cm, ciascuna di 5 cm di spessore (vedi ricette a pagina 6-9)

685 g di crema di farcitura/copertura (vedi ricette alle pagine 12-13)

Pasta di zucchero:

   175 g azzurra

   315 g lilla

   1,14 kg bianca

Pasta per modellazione:

   Un pezzettino nero

   200 g azzurra

   20 g verde

   20 g giallo limone

   20 g lilla

   20 g rosa

   310 g bianca

Colla commestibile (vedi ricetta a pagina 15) (SK)

Attrezzatura

Attrezzatura base (vedi pagine 16-18)

Vassoio per torte quadrato da 30 cm

2 vassoi per torte quadrati da 8 cm, sottili

6 bacchette di sostegno in plastica per torte

Pennelli: fine e medio (SK)

Stampini dell'alfabeto grandi

3 bastoncini di carta per lecca-lecca

Mini-stampino a stella

Beccucci per il piping: n. 3, 4, 16, 18 (PME)

Vassoio

1 Impastate 400 g di pasta di zucchero bianca finché non la sentite morbida e flessibile. Spolverizzate il piano di lavoro di zucchero a velo. Spargetene un po' sulla superficie della pasta di zucchero e tiratela con il mattarello, sollevandola e spostandola ogni volta che passate il mattarello per evitare che si attacchi al piano di lavoro. Dovrete raggiungere uno spessore di 2-3 mm e dimensioni sufficienti a poter ricoprire il vassoio.

2 Inumidite il vassoio con un po' d'acqua precedentemente bollita e raffreddata o con della colla commestibile, poi sollevate la pasta e posizionatela sul vassoio. Lisciate la superficie con una paletta, eliminate la pasta di zucchero in eccesso dal bordo del vassoio e mettete da parte ad asciugare.

Torta

3 Tagliate la crosta da ogni torta e livellate le parti superiori. Per fare il carretto rettangolare, tagliate una striscia da 8 cm dal dolce quadrato più grande e mettetela da parte. Tagliate degli strati nel pezzo rimanente e sovrapponeteli nuovamente con la farcitura. Spalmate uno strato di farcitura sulla superficie della torta per evitare che si stacchino briciole e far aderire bene la pasta di zucchero, quindi disponete la torta in diagonale sul vassoio coperto.

4 Prendete il resto della torta, tagliate un pezzo da 5 cm da un'estremità e mettetelo da parte. Tagliate l'altro pezzo a metà e sovrapponete i due pezzi, rifinendoli per formare un cubo perfetto da 8 cm. Tagliate il pezzo da 5 cm formando un cubo

perfetto. Tagliate degli strati in ciascuno dei cubi e sovrapponeteli nuovamente con una piccola quantità di farcitura, in modo da non farne aumentare eccessivamente l'altezza e non creare rigonfiamenti nella copertura, quindi copriteli come indicato sopra. Disponete il cubo da 8 cm su uno dei vassoi sottili, fissandolo con una punta di farcitura.

5 Per il cubo grande, sovrapponete le due torte quadrate da 10 cm in modo da formare un cubo perfetto e applicate la copertura come indicato sopra. Disponete la torta sul vassoietto sottile rimanente.

Carretto

6 Stendete 175 g di pasta di zucchero bianca, coprite la parte superiore del carretto e tagliate un bordo netto. Con una paletta lisciate bene la superficie. Stendete uno strato spesso di pasta di zucchero azzurra e tagliate dei rettangoli che coprano esattamente la parte davanti e dietro del carretto, dando loro un'altezza superiore di 1-2 cm a quella del dolce. Tagliate gli angoli superiori per arrotondarli leggermente.

7 Usando la pasta di zucchero lilla,

ripetete l'operazione per coprire i lati opposti, dando loro un'altezza di poco superiore a quella dei lati azzurri e arrotondando leggermente i bordi in alto con le dita. Premete in posizione delicatamente utilizzando una paletta (potrebbe essere necessario ristendere la crema di copertura per far aderire i lati, se si è seccata).

Ruote

8 Tagliate in quarti 160 g di pasta per modellazione azzurra e formateci delle palline. Premetele con una paletta per appiattirle e create una rientranza al centro di ognuna con la punta delle dita. Incollate una pallina appiattita lilla al centro di ogni ruota e lasciatele asciugare.

Cubi

9 Stendete un po' di pasta di zucchero bianca e coprite tutti i lati dei cubi separatamente, in modo da formare bordi netti. Non preoccupatevi delle giunture, che verranno coperte dalle strisce pastello. Per coprire ciascun lato, stendete un po' di pasta di zucchero per volta, appoggiatevi sopra un cubo e tagliate

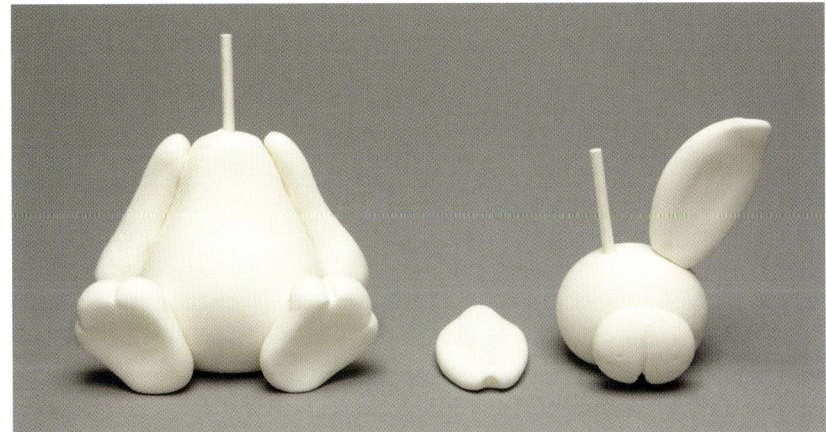

intorno al perimetro. Ripetete l'operazione per tutti i lati, sollevando i cubi dai lati già coperti con delle palette per non rovinarne la superficie. Chiudete tutte le giunture con un po' di colla commestibile. Coprite la base solo del cubo più piccolo, dal momento che gli altri cubi vanno posizionati su dei vassoi.

Suggerimento

Se usate una pasta di zucchero molto elastica che potete tirare sottile senza che si laceri, potete coprire ogni cubo con un unico pezzo di pasta di zucchero e creare spigoli netti usando delle palette.

10 Infilate tre bacchette nella parte centrale del carretto, a distanze regolari e a non più di 8 cm l'una dall'altra. Segnate ciascuna bacchetta all'altezza della pasta di zucchero e rimuovetele. Disponete le bacchette sul piano di lavoro e tagliatele all'altezza del segno posto più in basso se le misure sono leggermente diverse; in questo modo i piani superiori saranno

dritti anche se la torta non è perfettamente orizzontale. Infilate nuovamente le bacchette nel dolce e disponeteci sopra il cubo più grande, fissandolo con un po' di colla commestibile. Mettete i supporti nel cubo più grande, in modo che possa sostenere quello centrale, ma per il momento mantenetelo separato.

11 Per applicare le strisce colorate agli spigoli dei cubi, stendete un po' di pasta per modellazione e tagliatene una striscia spessa 1 cm per il cubo in basso e quello centrale e una da 0,5 cm per il cubo più piccolo. Incollatele in posizione e smussate gli angoli per adattarli. Montate i cubi sul vassoio, fissandoli con un po' di colla commestibile lungo i bordi. Ritagliate le lettere per formare la parola 'baby'. Usando il beccuccio per il piping e lo stampino a stella, ritagliate i cerchi e le stelle per decorare i cubi. Incollate le ruote in posizione sul carretto.

Coniglio

12 Per il corpo del coniglio, fate una grossa goccia con 125 g di pasta per modellazione bianca. Incollatela a contatto con il carretto e modellate una pancia arrotondata. Tagliate a metà 30 g di pasta per modellazione

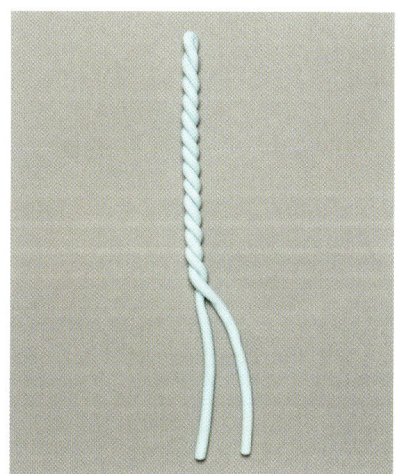

bianca e fate dei salsicciotti per le braccia. Arrotondate le estremità di ognuno per fare le zampe e create due solchi usando il retro della lama di un coltello.

13 Per fare il piede, tagliate a metà 45 g di pasta per modellazione bianca e ricavate due forme a goccia. Premetele per appiattirle leggermente e create due incisioni per le dita sul lato più largo con il retro della lama di un coltello. Incollate in posizione e aggiungete delle palline appiattite rosa per i cuscinetti dei piedi.

14 Modellate un ovale con 75 g di pasta per modellazione bianca per la testa e incollatelo in posizione, usando un bastoncino per lecca-lecca per fissarlo meglio. Aggiungete una pallina appiattita per il muso e incidetene il centro con il retro della lama di un coltello. Infilate gli altri due bastoncini per lecca-lecca nella testa per sostenere le orecchie.

15 Per fare le orecchie del coniglio, dividete in due la pasta bianca rimasta e modellate due gocce allungate. Create una rientranza al centro di ognuna con la punta di un

dito, premendo con delicatezza per non appiattirla troppo. Inserite nella rientranza una forma a goccia allungata e sottile di pasta rosa. Inumidite i bastoncini per lecca-lecca con la colla commestibile e infilate delicatamente le orecchie sui bastoncini, fissandole in basso. Aggiungete un naso rosa e due occhietti neri.

Ultimi ritocchi

16 Fate una pallina con i ritagli di pasta lilla e premetela per appiattirla. Incollatela in posizione sul lato anteriore del carretto e fate un foro al centro con il manico di un pennello. Fate un salsicciotto di pasta per modellazione azzurra e attorcigliatela per formare la corda.

17 Per fare il fiocco, preparate una pallina e dividete il resto della pasta azzurra a metà, usandola per fare due salsicciotti affusolati. Premeteli per appiattirli e formate due anelli. Incollateli in posizione sul coniglio aggiungendo una pallina al centro per il nodo.

mini-cubi

Sono cubetti da 5 cm: mi sembra una dimensione perfetta, non troppo grande ma sufficiente per un dolcetto.

Materiale aggiuntivo/alternativo per ogni cubo:

Ingredienti

Cubetto di torta da 5 cm

Un po' di farcitura
(vedi ricette alle pagine 12-13)

Pasta di zucchero:

  75 g bianca

Pasta per modellazione:

  100 g di un colore a scelta

Attrezzatura

Un quadrato di 5 cm di carta da forno

1 Se volete creare degli strati di farcitura nel solito modo, regolate l'altezza del dolce in modo tale che le dimensioni complessive non cambino. Io preferisco lasciarli così come sono e iniettare della farcitura o semplice marmellata al centro. Questo è un metodo relativamente facile e molto più rapido se dovete prepararne molti: riempite una tasca e fate un forellino sulla punta, quindi inseritela nel dolce, premete delicatamente e rimuovete.

2 Per proteggere la parte inferiore di ciascun cubo, tagliate un quadrato di carta da forno e incollatelo al dolce con un po' di farcitura.

3 Stendete un po' di pasta di zucchero per coprire la tortina. Per farlo rapidamente, potete coprire la parte superiore e i lati in una sola operazione, invece di rivestire separatamente le facce come nella torta principale. Questo metodo è adatto in questo caso perché i cubi sono molto più piccoli, perciò la pasta di zucchero si lacera meno facilmente e può essere assottigliata maggiormente, il che facilita la creazione di bordi netti. Se però dovete preparare un numero limitato di dolci, potrete anche coprire le facce separatamente per assicurarvi di ottenere ogni volta spigoli perfetti.

4 Decorate il cubo con numeri o lettere e aggiungete dei cerchietti come nel dolce principale.

gattini

Questa idea è nata per una bambina di nome Hannah, in occasione del suo primo compleanno. La torta ha riscosso un tale successo che ho pensato di inserire anche qui un progetto analogo. Alla festa mi sarebbe piaciuto avere altri gattini sparsi per la tavola, messi in posa come se cercassero di rubare parti del rinfresco.

Ingredienti

Torta quadrata da 25 cm
(vedi ricette a pagina 6-9)

6 torte a cupola da 7 cm
(vedi ricette a pagina 6-9)

450 g di crema di farcitura/copertura
(vedi ricette alle pagine 12-13)

160 g di pasta di riso soffiato
(vedi ricetta a pagina 10)

Pasta di zucchero:

370 g azzurra

900 g azzurro chiaro

15 g rosa chiaro

975 g bianca

Colla commestibile
(vedi ricetta a pagina 15) (SK)

Attrezzatura

Attrezzatura base (vedi pagine 16-18)

Vassoio per torte quadrato da 35 cm

Vassoio per torte rotondo da 10 cm, sottile

Pennelli: fine e medio (SK)

6 bacchette di sostegno in plastica per torte

18 pistilli di fiori per alimenti o filo di cotone robusto

Qualche stuzzicadenti

Cuscino

1 Tagliate la crosta dalla torta, mantenendo leggermente arrotondata la parte superiore. Tagliate lungo il margine superiore fino a metà per tutto il perimetro della torta, in modo da creare una leggera pendenza verso i bordi. Rovesciate la torta e ripetete l'operazione per ottenere una forma a cuscino.

2 Tagliate degli strati e sovrapponeteli nuovamente con la farcitura, disponendo la torta sul vassoio in posizione leggermente angolata. Spalmate uno strato di farcitura sulla superficie del dolce per evitare che si formino briciole e far aderire bene la pasta di zucchero.

3 Impastate la pasta di zucchero azzurra finché non la sentite morbida e flessibile. Spargete un po' di zucchero a velo per impedire che la pasta si attacchi e stendetela fino a raggiungere uno spessore di 2-3 mm, sollevandola e spostandola ogni volta che passate il mattarello finché le dimensioni saranno sufficienti a ricoprire interamente la torta. Mettete il mattarello al centro della pasta stesa, ripiegatela delicatamente sul mattarello, quindi sollevatela e disponetela sul dolce, sistemandola in posizione.

Lisciate i lati con le mani, ripiegando sotto la pasta in eccesso, e tagliate con cura intorno alla base.

4 Con il manico di un pennello o uno strumento per modellazione a punta, incidete un canalino intorno al dolce per il bordino. Con lo stesso strumento, incidete delle pieghe intorno ai bordi, quindi segnate una croce sulla parte superiore della torta per dividerla in quattro sezioni.

5 Tirate sottili 60 g di pasta di zucchero azzurra leggermente più scura e ritagliatene dieci strisce per decorare il cuscino. Incollatele in posizione sugli angoli opposti del cuscino e lisciate il margine tagliato di ogni striscia con la punta delle dita. Inumidite il canale con colla commestibile, create un salsicciotto molto lungo e sottile per il bordino e incollatelo in posizione.

6 Per l'effetto tessuto del vassoio, inumidite quest'ultimo con un po' di colla commestibile. Stendete sottile un po' di pasta di zucchero bianca per volta, poi piegatela e drappeggiatela sul vassoio. Tagliate la pasta in eccesso lungo il bordo.

7 Il peso dei gattini potrebbe farli affondare nel centro della torta: per evitarlo è necessario mettere dei sostegni nel cuscino. Infilate tre bacchette nella parte centrale del dolce, a non più di 8 cm l'una dall'altra. Segnate ciascuna bacchetta all'altezza della pasta di zucchero e rimuovetele. Tagliatele all'altezza del segno posto più in basso se le misure sono diverse (in questo modo i gattini staranno dritti) e infilatele nuovamente nel dolce. Disponete il vassoio piccolo e sottile al centro del cuscino e fissatelo con un po' di colla commestibile.

Gattini

8 È consigliabile usare la pasta di riso soffiato per fare le teste dei gattini, in modo che risultino leggere: dal momento che sono disposti l'uno sull'altro, un peso eccessivo potrebbe far crollare i corpi, nonostante le bacchette di sostegno. Dividete in tre parti la pasta di riso soffiato e fatene delle palline di circa 7 cm di diametro, quindi appiattitene leggermente un lato per il muso. Infilate una bacchetta di sostegno nella parte inferiore delle prime due teste e nella parte posteriore della terza, e lasciatela fino a quando avrete ricoperto interamente le teste. Mettete da parte ad asciugare.

9 Per i corpi, unite i dolcetti a cupola a coppie fino a ottenere tre tortine sferiche e spalmatene la superficie con la farcitura per far aderire la pasta di zucchero. Utilizzando 90 g di pasta di zucchero per ogni gattino (due bianchi e uno azzurro), stendete la pasta e coprite completamente

Suggerimento

Potete realizzare i gattini usando solo torta ma vi consiglio di usare la ganache di cioccolato come copertura. Lasciate consolidare i dolci in frigorifero prima di decorarli, in modo che si sostengano bene a vicenda. Se volete conservare i gattini come ricordo della giornata, potrete realizzarli interamente in pasta di riso soffiato, che ha una durata molto superiore a quella delle torte.

le tortine, lisciando bene i lati e chiudendo le giunture con le dita. Tirate verso l'alto la pasta in eccesso con le dita per formare il collo e tagliatelo di netto al vertice. Per creare l'effetto della pelliccia, usate uno strumento per modellazione a punta o il manico di un pennello.

10 Verificate che la superficie delle palle di pasta di riso soffiato sia liscia; se non lo è, inserite dei pezzetti di pasta di zucchero nelle crepe per renderla uniforme. Spennellate con colla commestibile e usate 75 g di pasta di zucchero per coprire interamente ogni testa. Lisciate i lati e tagliate via la pasta in eccesso sul retro, chiudendo e uniformando la giuntura. Con il manico di un pennello o uno strumento per modellazione, incidete la superficie per creare l'effetto pelliccia. Rimuovete la bacchetta di sostegno, verificando che rimanga un foro nella pasta di zucchero.

11 Per la testa del gattino azzurro, tirate sottili 20 g di pasta di zucchero azzurra e coprite solo la parte posteriore, tirando un po' di pasta verso la parte anteriore per creare i contorni del muso. Create la pelliccia sulla pasta come indicato sopra, verificando che i bordi della pasta siano irregolari e simili a ciuffi di pelo.

12 Per fare i ciuffi di pelo sui lati nella parte posteriore del muso, create delle gocce di pasta di zucchero bianca e/o azzurra, appiattitele e attaccatele ai musi

dei gattini con colla commestibile. Lisciate i ciuffi per fonderli al resto del muso, quindi create l'effetto pelliccia come indicato sopra.

13 Create i ciuffi di peli sul muso utilizzando gocce di diverse dimensioni, aggiungendone alcune sopra la fronte, unendole bene al resto del muso e creando la pelliccia come indicato sopra. Se le giunture non si saldano bene, inumidite il pennello con un po' di colla commestibile e spennellate la superficie; in questo modo si scioglierà parzialmente, fondendosi meglio. Fate delle fossette per le orbite con la punta delle dita, appena sotto la parte centrale del muso, e ripassate il contorno esterno con le setole per arrotondare l'apertura.

14 Per le parti sporgenti dei musi, dividete in tre 20 g di pasta di zucchero bianca e modellate degli ovali. Incollateli in posizione sulla metà inferiore del muso, appena sotto le orbite, e usate uno stuzzicadenti per incidere tre fori su ogni lato. Per le bocche, dividete in tre parti 5 g di pasta di zucchero bianca, create dei salsicciotti e arrotondateli alle estremità. Piegate delicatamente al centro e incollate in posizione sotto la parte sporgente del muso.

15 Create dei piccoli ovali per gli occhi e premeteli per appiattirli leggermente. Incollateli in posizione con la colla commestibile. Aggiungete un dischetto

per la pupilla, facendo attenzione ad allinearlo con la parte inferiore o superiore di ciascun occhio. Create dei minuscoli salsicciotti neri per le ciglia e incollateli in posizione.

16 Aggiungete un piccolo ovale rosa per il naso e assottigliatelo delicatamente alla base. Inserite dei pistilli bianchi per fiori di zucchero o dei pezzetti di filo di cotone spesso in ciascun foro ai lati dei musi (ricordate di rimuovere questi fili prima di mangiare la torta).

Montaggio

17 Mettete il corpo di uno dei gattini bianchi sulla parte anteriore del vassoietto, in posizione angolata. Dividete a metà 45 g di pasta di zucchero bianca per fare le due zampe anteriori. Create dei salsicciotti e arrotondateli in prossimità delle estremità per formare le "mani". Premete con il retro della lama di un coltello sulla zampa creando due incisioni e fate i segni della pelliccia come indicato sopra. Incollate in posizione le due zampe anteriori. Infilate la bacchetta di sostegno nella testa del gatto con il foro nella parte posteriore e inserite l'altra estremità della bacchetta nel corpo appena posizionato.

18 Per fare le zampe posteriori, dividete a metà 45 g di pasta di zucchero bianca e formate dei salsicciotti spessi. Arrotondatene le estremità e create un

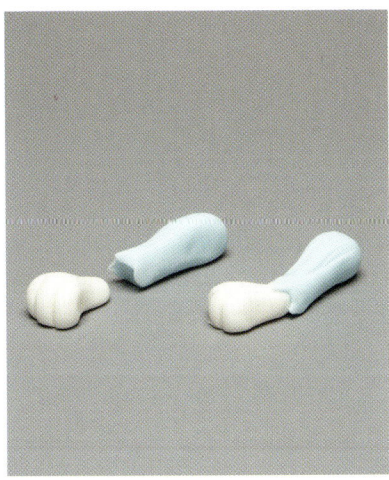

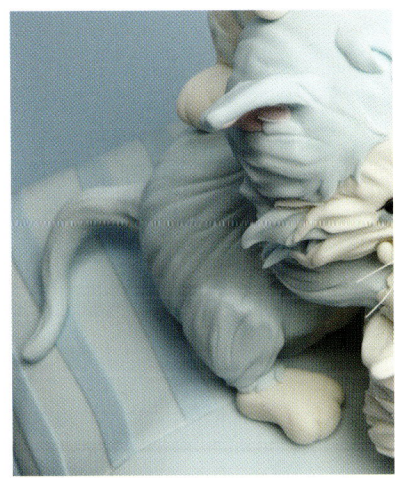

tallone sulla parte posteriore. Schiacciate delicatamente in corrispondenza della caviglia per assottigliarla e arrotondare il tallone. Incidete le zampe come indicato sopra e incollate in posizione. Create l'effetto pelliccia.

19 Dopo aver montato il primo gattino, fate le orecchie. Dividete a metà 10 g di pasta di zucchero e modellate due gocce. Premetele al centro per creare una rientranza e create un bordino rialzato al vertice di ogni orecchio. Inscritc nclla rientranza una piccola goccia appiattita di pasta di zucchero rosa e tagliatela di netto alla base. Incollate in posizione le orecchie, rivolgendole leggermente all'indietro, e create l'effetto pelliccia come indicato sopra.

20 Mettete il gattino azzurro accanto a quello bianco, usando una bacchetta per montare la testa sul corpo. Create delle zampe azzurre con l'estremità bianca e realizzate l'effetto pelliccia come indicato sopra. Fate le orecchie, piegandone leggermente in avanti una, su cui poggerà la zampa del gattino a strisce.

21 Per il gattino a strisce, fate le

orecchie e le zampe posteriori e montate come indicato sopra, incollando la zampa anteriore appoggiata all'orecchio del gattino azzurro. Aggiungete delle strisceline di varie lunghezze ottenute dai ritagli di pasta di zucchero azzurra per formare le righe e create l'effetto pelliccia come indicato sopra.

22 Aggiungete delle goccioline di pasta di zucchero per i ciuffi di pelo tra le orecchie. Per le code, usate la pasta di zucchero bianca e azzurra rimanente (15 g circa per ogni coda) e create dei lunghi salsicciotti leggermente assottigliati a un'estremità. Incollateli in posizione, tenendoli premuti per qualche istante per fissarli.

Suggerimento

Se preferite non usare pistilli di fiori per i baffi, potranno bastare dei forellini appena accennati; in alternativa, create dei sottilissimi bastoncini di pastillage (vedi pagina 15), lasciateli asciugare e inseriteli con delicatezza nei fori.

Varianti

Questi gattini sono bellissimi anche rosa,
bianchi e neri, grigi, rossicci o a chiazze:
potete anche crearne un'intera cucciolata
di colori diversi!

cupcake con le impronte

Materiale aggiuntivo/alternativo
per ogni cupcake:

Ingredienti

Cupcake

Un po' di farcitura
(vedi ricette alle pagine 12-13)

Pasta di zucchero:

Un pezzettino nero

20 g per coprire la parte superiore
(sfumature di azzurro)

Attrezzatura

Stampino circolare (per dar forma al
cupcake dopo averlo modellato con
la farcitura)

Beccucci per il piping n. 4 e 18 (PME)

1 Prendete un cupcake di dimensione
standard e spalmatelo di farcitura creando
una forma a cupola. Copritelo con un
sottile strato di pasta di zucchero tagliato
a misura.

2 Per fare le orme delle zampe, tagliate
dei cerchietti da un pezzo di pasta
di zucchero nera tirato molto sottile,
utilizzando i beccucci per il piping n. 18 e
n. 4. Premete i cerchietti sulla superficie
del cupcake, raggruppandoli in modo
da formare le orme e fissandoli con un
pochino di colla commestibile.

Suggerimento

Se non avete questi beccucci
per il piping, create delle semplici
palline di pasta nera e premetele
per appiattirle.

la prima bambola

Ho usato decorazioni semplici per questa bambola, pensando ai più piccini e per renderne relativamente facile la preparazione. Mi sono ispirata al periodo in cui i bambini alzano il faccino e tendono le braccia in attesa di essere presi in braccio e coccolati.

Ingredienti

Torta rotonda da 20 cm
(vedi ricette a pagina 6-9)

Torta a cupola da 15 cm
(vedi ricette a pagina 6-9)

400 g di crema di farcitura/copertura
(vedi ricette alle pagine 12-13)

225 g di pasta di riso soffiato
(vedi ricetta a pagina 10)

Colorante alimentare in pasta: bianco (SK)

Colorante alimentare in polvere:
rosa chiaro (SK)

Pasta di zucchero:

315 g azzurra

Un pezzetto nero delle dimensioni
di un pisello

15 g rosa scuro

160 g giallo chiaro

685 g rosa

595 g beige tenue

Colla commestibile
(vedi ricetta a pagina 15) (SK)

Attrezzatura

Attrezzatura base
(vedi pagine 16-18)

Vassoio per torte da 30 cm rotondo

3 bacchette di sostegno in
plastica per torte

Pennelli: fine e medio (SK)

Stampino circolare da 5 cm

Stampino a cuore grande

Qualche stuzzicadenti

Beccuccio per il piping n. 18 (PME)

Vassoio

1 Impastate la pasta di zucchero azzurra finché non la sentite morbida e flessibile. Spolverizzate il piano di lavoro di zucchero a velo. Spargetene un po' sulla superficie della pasta di zucchero e tiratela con il mattarello, sollevandola e spostandola ogni volta che passate il mattarello per evitare che si attacchi al piano di lavoro. Dovrete raggiungere uno spessore di 2-3 mm e dimensioni sufficienti a poter ricoprire il vassoio.

2 Inumidite il vassoio con un po' d'acqua precedentemente bollita e raffreddata o con della colla commestibile, poi sollevate la pasta e posizionatela sul vassoio. Lisciate la superficie con una paletta, eliminate la pasta di zucchero in eccesso dal bordo del vassoio e mettete da parte ad asciugare.

Testa della bambola

3 Preparate la pasta di riso soffiato seguendo la ricetta. Mentre l'impasto è ancora caldo, modellatelo in una forma ovale delle dimensioni di 10 x 13 cm. Mettete l'impasto sulla superficie di lavoro e rotolatelo delicatamente avanti e indietro per appiattirne leggermente un lato; questa sarà la faccia della bambola.

4 Per fare un foro per la bacchetta che sosterrà la testa sul corpo, infilate una bacchetta nella parte inferiore mentre l'impasto è ancora parzialmente morbido. Fate penetrare la bacchetta per 5 cm, rimuovetela e lasciate asciugare la testa per circa dieci minuti.

5 Quando la testa sarà asciutta, riempite le eventuali imperfezioni con pezzetti di pasta di zucchero beige tenue, fissandoli in posizione con un po' di colla commestibile. In alternativa, spalmate sulla superficie un sottile strato di ganache. Otterrete così una superficie liscia su cui applicare la copertura in pasta di zucchero.

6 Spennellate la superficie della testa con un po' di colla commestibile (se non avete usato la ganache). Stendete 175 di pasta di zucchero beige tenue e usatela per ricoprire la faccia e la metà inferiore della testa. Per lisciare i bordi della pasta, stendeteli con le dita fino a renderli uniformi con la superficie. Pizzicate leggermente con le dita la parte inferiore della faccia per creare un piccolo mento e incidete il sorriso con lo stampino circolare, premendolo in posizione angolata verso l'alto. Con il manico di un pennello, incidete le fossette agli angoli della bocca.

7 Aggiungete un piccolo naso ovale usando i ritagli di pasta di zucchero. Fate due piccoli ovali neri per gli occhi e appiattiteli. Per il riflesso su ciascun occhio, aggiungete un puntino di colorante alimentare bianco nella posizione dell'una sul quadrante dell'orologio, utilizzando un pennello fine. Per completare il viso, distribuite un po' di colore rosa in polvere sulle guance con la punta delle dita.

Corpo

8 Tagliate la crosta da ogni torta e livellate le parti superiori. Tagliate uno strato in ogni dolce e disponete la torta a cupola al centro sopra quella rotonda. Per modellare i lati, tagliate con un coltello dall'alto verso il basso in modo da unire le due torte in una forma conica. Tagliate un po' di più sulla parte anteriore per renderla leggermente più piatta.

9 Riempite ogni strato con la farcitura e spalmatene un pochino sulla superficie del dolce per far aderire meglio la pasta di zucchero. Disponete la torta sul vassoio leggermente spostata verso la parte posteriore, lasciando lo spazio per il vestito. Create un salsicciotto affusolato non più lungo di 5 cm con la pasta di zucchero bianca e usatelo per le mutandine sulla parte anteriore.

Gambe

10 Dividete a metà 260 g di pasta di zucchero beige tenue. Per fare una gamba, create un salsicciotto con uno dei pezzi e piegatene un'estremità per formare il piede. Assottigliate delicatamente il piede e incidete una linea lungo il suo lato con un coltello. Tracciate delle piccole linee per creare l'effetto delle pieghe del tessuto, servendovi della punta del coltello. Incollate le gambe in posizione sul vassoio, ai due lati delle mutandine.

Vestito

11 Stendete 600 g di pasta di zucchero rosa fino a ottenere una forma circolare del diametro di 30 cm e arrotondate il margine tagliato con la punta delle dita. Disponete il mattarello al centro della pasta stesa, ripiegate la metà posteriore della pasta sul mattarello e sollevatela delicatamente. Disponete la pasta a contatto con la torta e srotolatela dall'alto, lasciando ricadere la metà posteriore della pasta. Lisciate i bordi del vestito, favorendo la formazione di pieghe, poi sistemate ulteriormente la pasta con la punta delle dita.

> **Suggerimento**
>
> Se il vestito si stira o si deforma, tagliate via la pasta in eccesso con delle forbicine.

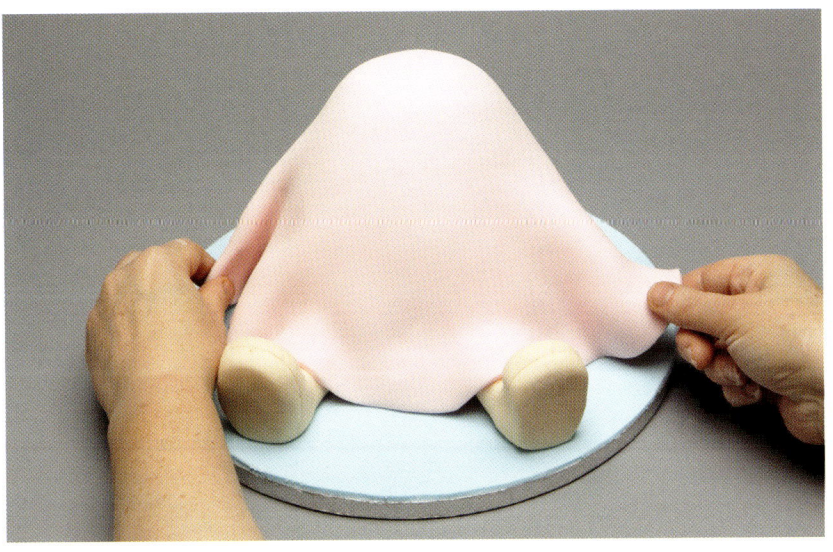

Braccia

12 Per sostenere meglio le braccia, infilate due bacchette di sostegno angolate ai due lati del vestito. Per fare le braccia, modellate un salsicciotto spesso e lungo 14 cm con la pasta di zucchero beige tenue rimasta. Arrotondatene le estremità e tagliatelo a metà. Inumidite le bacchette e l'area in cui andranno applicate le braccia con la colla commestibile e infilate ciascun braccio in posizione, mantenendovelo per qualche istante in modo che si fissi. Incidete una linea intorno a ciascun braccio, procedendo come per le gambe.

13 Dividete a metà 60 g di pasta di zucchero rosa e create due salsicciotti appiattiti lunghi 13 cm. Incollateli in posizione intorno alla parte superiore di ciascun braccio per creare le maniche. Per il colletto, stendete la pasta di zucchero rosa rimanente e create un cerchio di 8 cm di diametro. Tagliate una piccola 'v' sulla parte anteriore e arrotondate il lato tagliato con la punta delle dita. Applicatelo sulla parte superiore del dolce e fissatelo con un po' di colla commestibile.

14 Stendete la pasta di zucchero rosa scuro e ritagliate un grosso cuore per la parte anteriore del vestito. Incollatelo in posizione con la colla commestibile. Utilizzando la stessa pasta, ritagliate dei cerchietti con un beccuccio per il piping n. 18 per decorare il vassoio. Premete i delicatamente i cerchietti sulla superficie per ammorbidirne i bordi.

15 Infilate la bacchetta di sostegno attraverso la torta, lasciandone sporgere 5 cm dalla parte superiore. Infilateci sopra la testa, fissandola alla base con colla commestibile.

Capelli

16 Stendete sottile la pasta di zucchero giallo chiaro e ritagliatene delle strisce di varie lunghezze e di circa 1 cm di larghezza. Applicatele poco a poco alla testa, iniziando dal centro e creando una scriminatura centrale fino alla nuca. Quando avrete coperto interamente la testa, tagliate delle strisce più piccole per la frangia e per i codini e fissatele in posizione.

la prima bambola   99

la prima bambola

mini-bambole

Materiale aggiuntivo/alternativo
per ogni bambola:

Ingredienti

Cupcake

Un po' di farcitura
(vedi ricette alle pagine 12-13)

Pasta di zucchero:

   75 g beige tenue o marrone chiaro
   (per la testa, le braccia e le gambe)

   45 g azzurra, rosa scuro o rosa chiaro
   (per il vestito)

   30 g azzurra, rosa scuro o rosa chiaro
   (per il vassoio)

   5 g azzurra, rosa scuro o rosa chiaro
   (per il cuore)

Attrezzatura

Vassoio per torte rotondo da 10 cm, sottile

Bastoncino per lecca-lecca

Stampino circolare da 2 cm

Stampino piccolo a cuore

Suggerimento

Se preferite usare meno pasta di zucchero per decorare queste mini-bambole, vi consiglio di usare pasta di torta o pasta di riso soffiato per l'interno di ogni testa, ricoprendola poi con pasta di zucchero, invece di servirvi di una palla di pasta di zucchero (vedi oltre).

1 Coprite un vassoietto rotondo da 10 cm con pasta di zucchero azzurra, rosa chiaro o rosa scuro.

2 Create un ovale per la testa utilizzando 60 g di pasta di zucchero. In alternativa, create la forma con 30 g di pasta di torta o 20 g di pasta di riso soffiato e ricopritela con pasta di zucchero rosa tenue o marrone chiaro (come per la bambola grande). Infilate nella base un bastoncino per lecca-lecca per crearvi un foro e rimuovetelo. Aggiungete i tratti della faccia come indicato per la bambola grande.

3 Capovolgete il cupcake e tagliate via il bordo, quindi spalmatelo con un sottile strato di farcitura. Dato che il cupcake rovesciato in alto è completamente piatto, premete una pallina di pasta di zucchero da 5 g (di un colore a scelta) sulla parte superiore per arrotondarla e renderla più alta.

4 Create le gambe con 10 g di pasta di zucchero seguendo le istruzioni relative alla bambola grande e incollatele sulla parte anteriore del dolcetto con colla commestibile.

5 Misurate il cupcake e stendete un cerchio di pasta di zucchero per coprirlo. Create il vestito e la decorazione come indicato sopra.

6 Per fare le braccia, usate la pasta di zucchero come indicato per la bambola grande. Dividete a metà 5 g della pasta usata per il vestito per creare le maniche e altri 5 g per il colletto, seguendo lo stesso procedimento usato per la bambola grande. Questa volta, però, usate uno stampino circolare da 2 cm per il colletto.

7 Completate ogni bambola creando le ciocche di capelli e incollandole in posizione, procedendo come per quella grande. Infilate il bastoncino per lecca-lecca nel corpo e fissate la testa in posizione con colla commestibile.

Suggerimento

Se siete a corto di tempo o dovete preparare numerose mini-bambole, potete semplificare il piede modellando degli ovali con 5 g di pasta di zucchero colorata, creando delle scarpette. Per risparmiare tempo nella creazione dei capelli, inoltre, potete modellare una piccola spirale di pasta di zucchero colorata e creare un singolo ricciolo, semplice ma efficace.

arca di noè

Ecco una versione graziosa e a colori pastello dell'arca di Noè, con coppie di teneri animaletti, perfetta per qualsiasi festa di bambini.

Ingredienti

Torta rotonda da 20 cm
(vedi ricette a pagina 6-9)

Torta a cupola da 20 cm
(vedi ricette a pagina 6-9)

2 torte quadrate da 10 cm
(vedi ricette a pagina 6-9)

685 g di crema di farcitura/copertura
(vedi ricette alle pagine 12-13)

Pasta di zucchero:

260 g azzurra

1,14 kg giallo limone chiaro

60 g bianca

Pasta per modellazione:

2 g nera

20 g azzurra

75 g marroncino

145 g rossiccio chiaro

340 grigio chiaro

110 g rosa chiaro

5 g bianca

145 g gialla

Colla commestibile
(vedi ricetta a pagina 15) (SK)

Attrezzatura

Attrezzatura base (vedi pagine 16-18)

Vassoio per torte rotondo da 20 cm

Vassoi per torte rotondi da 12 e 18 cm, sottili

6 bacchette di sostegno in plastica per torte

Stampino circolare da 3 cm

4 bastoncini per lecca-lecca

Qualche stuzzicadenti

Torte

1 Tagliate la crosta da tutte e quattro le torte e livellate la parte superiore. Mettete la torta rotonda sul dolce a cupola e tagliate i lati in modo che non si veda la giuntura. Tagliate intorno al bordo superiore per restringerlo fino a un diametro di 18 cm esatti. Sollevate la torta rotonda, tagliate degli strati in ogni dolce e sovrapponeteli nuovamente con la farcitura. Mettete la torta rotonda sul vassoio più piccolo e sottile.

2 Mettete la torta a cupola al centro del vassoio. Infilate tre bacchette nella parte centrale del dolce, a non più di 8 cm l'una dall'altra. Segnate ciascuna bacchetta all'altezza della sommità del dolce e rimuovetele. Tagliate le bacchette all'altezza del segno posto più in basso (in questo modo i piani successivi saranno dritti anche se la torta non è perfettamente orizzontale). Infilate nuovamente le bacchette nel dolce. Rimettete la torta rotonda sul dolce a cupola e spalmate uno strato di farcitura sull'intera forma per evitare che si stacchino briciole e far aderire bene la pasta di zucchero.

3 Stendete 125 g di pasta di zucchero giallo limone, coprite completamente il vassoio sottile più grande e tagliate via la pasta in eccesso intorno al bordo. Inserite i sostegni nella torta rotonda come indicato sopra, mantenendo le bacchette in posizione centrale e a circa 10 cm di distanza l'una dall'altra. Metteteci sopra il vassoietto coperto (se rimane un interstizio tra il vassoio e la torta, riempitelo con un po' di farcitura in modo che la superficie risulti regolare prima di coprirla).

4 Per fare la cabina, sovrapponete le due torte quadrate da 10 cm. Tagliate 1 cm da un lato rendendo la torta leggermente allungata. Ritagliate il tetto sul lato più lungo, tagliando fino al secondo strato. Tagliate degli strati nel dolce e sovrapponeteli nuovamente con la farcitura, poi coprite come indicato sopra.

Arca

5 Tirate 340 g di pasta di zucchero giallo limone e tagliatene un pezzo più alto di 2,5 cm rispetto al bordo della torta e lungo 30 cm. Servirà a coprire un lato dell'arca. Cospargetelo di zucchero a velo e arrotolatelo su sé stesso per poterlo sollevare più facilmente senza deformarlo troppo. Disponete la pasta a contatto con il lato della torta e srotolatela in modo da coprire un lato. Coprite il lato opposto nello stesso modo e tagliate di netto il bordo a entrambe le estremità. Usate una paletta per creare una superficie liscia e priva di increspature. Lavorate tutto il margine superiore con la punta delle dita per inspessire la pasta; questo rafforzerà il bordo destinato a sostenere gli animali.

6 Marcate delle linee distanti 2,5 cm l'una dall'altra su entrambi i lati dell'arca

con un righello, quindi create le venature del legno con un coltello. Per coprire le giunture, dividete in due parti 50 g di pasta di zucchero giallo limone e fate due lunghi salsicciotti leggermente appiattiti e più larghi a un'estremità. Piegate su se stessa l'estremità leggermente più larga e fissatela in posizione con colla commestibile. Incollate questi elementi sulla parte anteriore e su quella posteriore dell'arca, tenendoli in posizione per qualche istante per fissarli.

7 Stendete 260 g di pasta di zucchero giallo limone e coprite interamente la cabina, lisciandola ed eliminando le eventuali pieghe. Tagliate via la pasta in eccesso intorno alla base. Usate due palette per premere sui due lati opposti, in modo da creare margini dritti agli angoli. Segnate le linee e create le venature del legno come indicato sopra.

8 Con uno stampino circolare, ritagliate due oblò su ciascun lato lungo e uno sui due lati corti, rimuovendo la pasta di zucchero all'interno. Stendete un po' di pasta di zucchero azzurra più sottile dell'altra e usate lo stesso stampino per creare le finestre, quindi fissatele in posizione. Montate la torta, incollando la cabina al suo posto con un sottile strato di farcitura.

Tetto

9 Stendete 125 g di pasta di zucchero azzurra e tagliatene una forma rettangolare da 15 x 13 cm. Incidete delle linee premendo delicatamente un righello sulla superficie. Inumidite il tetto con un po' di colla commestibile e incollatelo in posizione. Se si creano delle deformazioni, rimettete i bordi a posto premendoli con una paletta.

10 Stendete la pasta di zucchero giallo limone rimanente fino a raggiungere uno spessore di 3,5-4 cm e ritagliate la casetta degli uccelli, larga 5 cm e alta 6 cm. Lisciatela per arrotondarne i contorni e segnate le linee come indicato sopra. Ritagliate una forma a 'v' nella parte inferiore in modo da adattare la casetta alla forma del tetto e fissatela con un po' di colla commestibile. Fate due fori per le finestre usando il manico di un pennello e inseriteci due palline delle dimensioni di un pisello di pasta azzurra, spingendole in posizione con la punta delle dita. Create un tetto da 5 x 9 cm come indicato sopra.

Mare

11 Mettete da parte un po' di pasta di zucchero bianca e impastate il resto insieme

alla pasta di zucchero azzurra rimanente, fino a ottenere un effetto leggermente marmorizzato con delle striature. Inumidite il vassoio e la base dell'arca con colla commestibile. Stendete un po' di pasta per volta e premetela intorno all'arca, spingendola con le dita e pizzicandola per creare le onde. Tagliate via la pasta in eccesso intorno al bordo del vassoio. Per creare la schiuma, aggiungete dei pezzetti di bianco nelle aree rialzate e lisciatele per amalgamarle alla superficie della copertura.

Giraffe

12 Dividete a metà 90 g di pasta per modellazione gialla e formate due lunghe gocce per i corpi. Inumidite due bastoncini per lecca-lecca con un po' di colla e infilateli uno per corpo, lasciandone sporgere un tratto dalla parte superiore per creare un sostegno per le teste.

13 Per fare le teste, dividete a metà

145 g di pasta gialla e create due lunghe gocce arrotondate. Appiattite leggermente il centro del muso per creare l'area degli occhi. Formate la bocca premendo con lo stampino circolare e usate il manico di un pennello per creare le fossette agli angoli. Fate due fossette per gli occhi, due fori sulla sommità di ogni testa e le narici. Aggiungete delle palline appiattite di pasta rossiccio chiaro di diverse dimensioni per creare le chiazze sui dorsi e sulle teste.

14 Incollate le teste sui corpi e inserite le giraffe nell'arca. Aggiungete due piccole corna su ogni testa. Create delle orecchie a forma di goccia e fate una fossetta al centro di ognuna con uno strumento per modellazione punte a palla. Incollate in posizione con la punta rivolta verso l'esterno e il lato arrotondato unito delicatamente al muso. Aggiungete due piccoli occhi ovali bianchi con pupille nere e un piccolo salsicciotto conico per le palpebre.

Ippopotami

15 Dividete a metà 45 g di pasta per modellazione grigio chiaro e create due forme a goccia per i corpi degli ippopotami. Incollateli in posizione nell'arca.

16 Per fare le teste, create una goccia

con 35 g di pasta per modellazione rosa chiaro per ogni testa. Tagliate via la punta da entrambe. Fate una pallina con 10 g di pasta grigio chiaro, tagliatela a metà e usatela per creare la parte superiore delle due teste. Fate gli occhi e le orecchie come indicato sopra e aggiungete un pezzettino di pasta rosa chiaro su ciascun orecchio. Tagliate dei pezzettini di pasta bianca per i denti e incollateli in posizione con una punta di colla commestibile.

Leoni

17 Per prima cosa formate i corpi dei leoni, dividendo a metà 35 g di pasta per modellazione rossiccio chiaro e facendo due forme a goccia.

18 Fate una goccia arrotondata con 35 g di pasta per ogni testa e appiattite leggermente il centro per creare l'area degli occhi. Incidete una linea alla base di ciascun muso con il retro della lama di un coltello e fate i forellini per i baffi con la punta di uno stuzzicadenti. Create le orbite degli occhi come indicato sopra.

19 Per le orecchie, modellate due palline delle dimensioni di un pisello e fate una fossetta al centro con l'estremità più piccola di uno strumento per modellazione punte a palla. Incollatele in posizione premendole leggermente contro la testa.

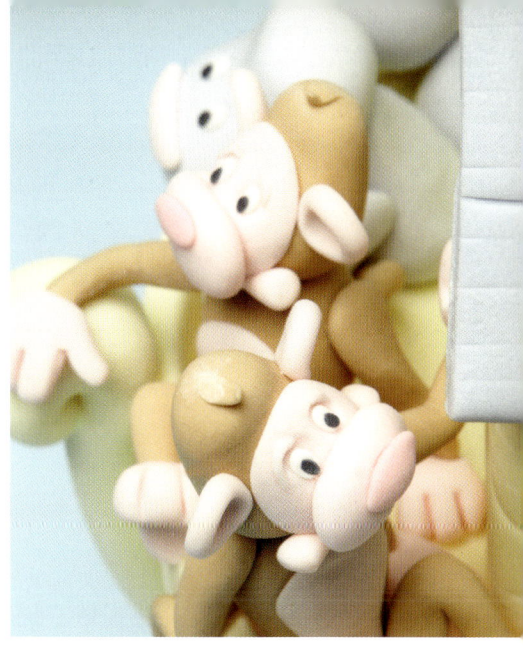

Aggiungete dei nasi rosa chiaro. Per la criniera del leone maschio, fate un salsicciotto di pasta per modellazione rossiccia e assottigliatelo leggermente alle estremità. Incollatelo in posizione sulla parte superiore della testa e create l'effetto pelliccia con il manico di un pennello.

20 Per fare le zampe posteriori, dividete a metà 20 g di pasta per modellazione rossiccia, formate due salsicciotti e arrotondate le estremità per creare le zampe. Fate due incisioni in ogni zampa con il retro della lama di un coltello.

Orsi grigi

21 Modellate gli orsi grigi come la leonessa, usando 20 g di pasta per modellazione grigio chiaro per ogni corpo, 30 g della stessa pasta per ogni testa e 5 g per ogni zampa. Aggiungete un naso rosa e gli occhi e montate gli orsi nell'arca accanto ai leoni.

Scimmie

22 Per fare i corpi delle scimmie, dividete a metà 35 g di pasta per modellazione marroncino e create due forme a goccia arrotondate. Per la chiazza sulla pancia, date a una pallina di pasta rosa chiaro la stessa forma e premetela per appiattirla.

Inumidite due bastoncini per lecca-lecca e infilateli nei due corpi, lasciandone un breve tratto sporgente sulla parte superiore. Dividete a metà 5 g di pasta rosa chiaro e create degli ovali per il posteriore. Incollate in posizione e incidete il centro con il retro della lama di un coltello.

23 Per fare le teste, dividete a metà 15 g di pasta marroncina e create delle forme a goccia arrotondate. Aggiungete un cerchietto appiattito di rosa chiaro al centro di ciascuna forma e fate le fossette per le orbite a metà altezza. Dividete a metà 5 g di pasta rosa chiaro e modellate i musi. Fissateli alle facce con colla commestibile e incidete il centro con il retro della lama di un coltello.

24 Per le bocche, fate due piccoli salsicciotti e arrotondateli alle estremità. Piegateli a metà e incollateli in posizione sotto ciascun muso. Aggiungete due orecchie rosa chiaro incavate al centro. Create occhi e palpebre come indicato sopra e aggiungete un minuscolo ciuffetto di peli alla sommità di ogni testa. Completate le facce aggiungendo su ognuna un piccolo naso rosa scuro.

25 Per fare le gambe delle scimmie, dividete in quattro parti 10 g di pasta per modellazione marroncina e formate con ogni pezzo un salsicciotto affusolato,

quindi piegate i salsicciotti a metà. Per fare i piedi, dividete in quattro parti 5 g di pasta per modellazione rosa chiaro e create quattro forme a goccia arrotondate, quindi incidete l'estremità più larga di ognuna con il retro della lama di un coltello. Incollatele in posizione e ripiegate leggermente la parte superiore. Incollate i corpi e le gambe in posizione sull'arca.

26 Per le braccia, dividete in quattro parti 5 g di pasta per modellazione marroncina, formate quattro salsicciotti affusolati e piegateli a metà per creare i gomiti. Per fare le mani, dividete in quattro parti 5 g di pasta per modellazione rosa chiaro, formate quattro palline e appiattitele con delicatezza. Per fare una mano, tagliate un lato per creare il pollice e fate due tagli leggermente più corti lungo la parte superiore per formare le altre dita. Spingete il pollice in direzione opposta a quella delle dita e lavoratene la punta per arrotondarla.

27 Create due salsicciotti lunghi e sottili con la pasta marroncino rimanente e curvateli per formare le code.

Elefanti

28 Create due palle da 15 g di pasta per modellazione grigio chiaro e inseritele nell'arca per fare i corpi. Fate una palla

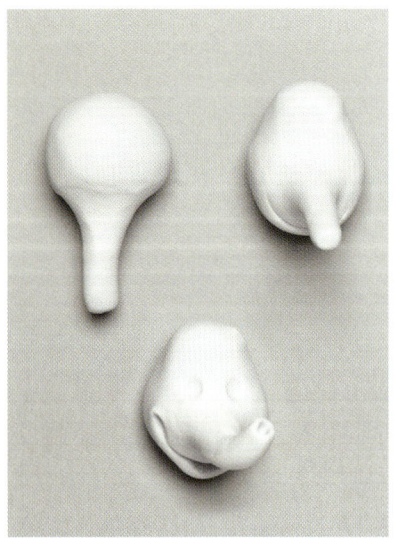
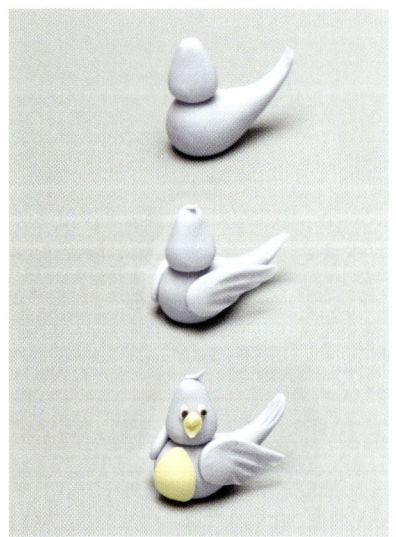

da 45 g per ogni testa e modellate la proboscide tirandola e girandola con delicatezza. Segnate delle linee attraverso la parte superiore ruotandovi sopra delicatamente un pennello. Create le bocche e le orbite come indicato sopra e, per l'elefante maschio, fate due fori ai lati della proboscide per inserirvi le zanne.

29 Dividete in tre parti 15 g di pasta per modellazione grigio chiaro e create le zampe. Segnatene le estremità con il manico di un pennello. Incollate due zampe a un elefante e usatene una per il secondo elefante (potete anche farne due se c'è spazio sufficiente sull'arca). Create gli occhi come indicato sopra e fate due piccole forme a goccia bianche per le zanne.

30 Dividete in quattro parti 20 g di grigio chiaro e modellate delle forme a goccia per fare le orecchie. Premetele per appiattirle, mantenendole tutte leggermente più larghe nella parte superiore. Attaccatele ai lati delle teste.

Uccelli

31 Dividete a metà 10 g di pasta per modellazione azzurra e create delle forme a goccia per i corpi. Incidete le penne sulle code e incollate gli uccelli in posizione sul tetto. Create le ali e segnate le penne lungo i margini inferiori utilizzando il manico di un pennello. Modellate due teste a goccia e aggiungete una minuscola forma a goccia gialla per il becco. Tagliate in due i becchi con le forbici per aprirli.

32 Aggiungete una piccola chiazza ottenuta da una forma a goccia appiattita su ogni pancia e un ciuffetto di piume su ogni testa. Create gli occhi come indicato sopra.

Pesci

33 Utilizzando la pasta per modellazione grigio chiaro rimasta, create dei corpi a forma di goccia e fate i musi come indicato sopra. Per le pinne, create delle minuscole gocce e premetele per appiattirle. Incidete delle linee premendo uno stuzzicadenti sulla superficie delle pinne di entrambi i pesci.

Suggerimento

Potete nascondere qualsiasi imperfezione della superficie inferiore dell'arca aggiungendo schizzi di schiuma o d'acqua modellati appositamente.

mini-arche

Questi dolcetti si preparano con cupcake di dimensioni standard.

Materiale aggiuntivo/alternativo
por ogni arca:

Ingredienti

Cupcake

Un po' di farcitura (vedi ricette alle pagine 12-13)

Pasta di zucchero:

   100 g azzurra

   10 g rosa chiaro

Pasta per modellazione:

   Un pezzetto nero

   Un pezzetto verde

   5 g bianca

   Un pezzetto giallo

1 Livellate la parte superiore del cupcake, tagliate uno strato al centro e riempitelo con la farcitura. Questo farà aumentare leggermente l'altezza del dolce. Spennellate della marmellata calda sulla superficie per far aderire la pasta di zucchero o usate un po' di farcitura.

2 Coprite prima la parte superiore del cupcake e poi i lati, mantenendo la pasta sui lati un po' più alta per creare un bordo. La torta principale è stata ricoperta metà per volta e potete procedere nello stesso modo anche per i minicake; se dovete prepararne molti, però, potrete lavorare più velocemente applicando la pasta intorno all'intero dolce. Modellate la parte superiore dell'arca come indicato sopra ma creando un quadrato da 2,5 cm di lato e 4 cm di altezza.

3 Se volete lasciare la casetta degli uccelli come ricordo agli invitati, vi consiglio di incollarvi sopra l'uccellino, in modo che possano conservare anche questo. Create l'uccellino come indicato sopra; se volete fare una colomba, usate la pasta per modellazione bianca e aggiungete il ramoscello verde che simboleggia la nuova vita nella terra appena trovata.

animaletti

Questi dolcetti con animali sono facilissimi da fare e ideali per coinvolgere i bambini in una festa. Se non avete una teglia in silicone potete utilizzare anche delle coppe da gelato in acciaio inossidabile o piccole pirofile in vetro disponibili presso i negozi di articoli da cucina o nel reparto casalinghi della maggior parte dei supermercati.

Materiale aggiuntivo/alternativo per ogni animale:

Ingredienti

Minicake fatto in una teglia in silicone a cupola resistente al calore o uno stampino da 7 cm

Un po' di farcitura o marmellata (vedi ricette alle pagine 12-13)

Pasta di zucchero:

  35 g di un colore a scelta
  (a seconda dell'animale che volete creare)

Pasta per modellazione:

  Circa 30 g per ogni testa di animale
  (nel caso della scimmia, aggiungete 5 g per la coda)

Attrezzatura

Vassoio sottile o disco di carta da forno da 7 cm

1 Mettete la tortina su un vassoio sottile o su un disco di carta da forno delle stesse dimensioni della sua base, per proteggere la parte sottostante non ricoperta. Copritela con un po' di farcitura o marmellata calda (che è un po' più facile da spalmare) e stendete la pasta di zucchero per rivestirla. Lisciate la pasta intorno al dolce.

2 Con un coltello, tagliate via la pasta in eccesso o spingetela sotto la tortina per ottenere una forma più arrotondata. Se dovete preparare molte tortine, potete utilizzare uno stampino circolare delle stesse dimensioni del dolce ricoperto e premerlo per tagliare la pasta in eccesso in modo facile e veloce.

3 Create una testa seguendo le istruzioni indicate per la torta principale e incollatela al dolce con colla commestibile.

cartamodelli

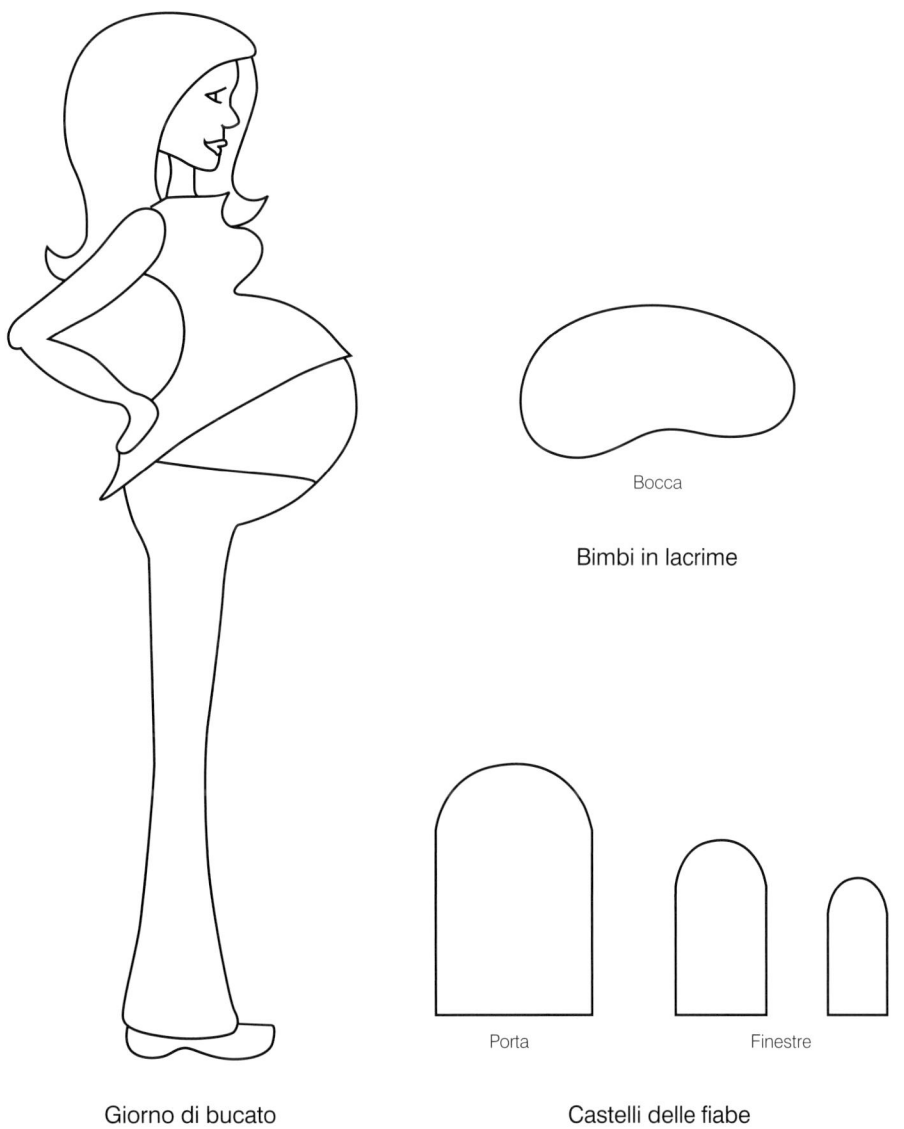

Bocca

Bimbi in lacrime

Porta

Finestre

Giorno di bucato

Castelli delle fiabe

fornitori

Squires Kitchen

Squires Kitchen
Squires Kitchen, UK
3 Waverley Lane
Farnham
Surrey
GU9 8BB
0845 61 71 810
+44 (0) 1252 260 260
www.squires-shop.com

Squires Kitchen International School
The Grange
Hones Yard
Farnham
Surrey
GU9 8BB
0845 61 71 810
+44 (0) 1252 260 260
www.squires-school.co.uk

Squires Kitchen, Francia
+33 (0) 1 82 88 01 66
clientele@squires-shop.fr
www.squires-shop.fr

Squires Kitchen, Spagna
+34 93 180 7382
cliente@squires-shop.es
www.squires-shop.es

Debbie Brown Ltd.

debra.brown@btinternet.com
www.debbiebrownscakes.co.uk

Negozi

Regno Unito
Decor 4 Cakes Ltd.
Essex
01255 422031

Jane Asher Party Cakes
Londra
www.jane-asher.co.uk

Pipedreams
Berkshire
www.pipedreams-sugarcraft.co.uk

Sugar Celebrations
Wiltshire and Gloucester
www.sugarcelebrations.com

Australia
Cakedeco
Victoria
+61 (0) 3 9654 5335
cakedeco@optusnet.com.au

Iced Affair
New South Wales
www.icedaffair.com.au

Susie Q Cake Decorating Centre
Victoria
www.susie-qcake.com.au

Canada
SugarTiers Inc.
Ontario
www.sugartiers.ca

Grecia
Sugar World - Aliprantis Ltd.
Atene
www.sugarworld.gr

Italia
Marzipan World
Sesto Calende (Va)
www.marzipanworld.com

Malaysia
International Centre of Cake
Artistry Sdn. Bhd.
Selangor
www.2decoratecakes.com

Paesi Bassi
Planet Cake®
Rotterdam
www.cake.nl

Nigeria
Kogsy Merchandise
Lagos
www.kogsycakeandsugarcraft.com

Polonia
Tortownia
Warszawa
www.tortownia.pl

Svezia
Kungälv
www.tartdecor.se

Produttori e distributori

Regno Unito
Ceefor Cakes
PO Box 443
Leighton Buzzard
Bedfordshire
LU7 1AJ
01525 375237
info@ceeforcakes.co.uk
www.ceeforcakes.co.uk

Confectionery Supplies
Herefordshire
www.confectionerysupplies.co.uk

Food Packaging & Cakeboards Ltd.
Lancashire
www.fpcb.co.uk

Guy, Paul & Co. Ltd.
Buckinghamshire
www.guypaul.co.uk

Australia
Zoratto Enterprises
New South Wales
www.wilton-australia.com

Nuova Zelanda
See Zoratto Enterprises, Australia

USA
Beryl's Cake Decorating & Pastry
Supplies
Springfield, VA
www.beryls.com

Caljava International School of Cake
Decorating and Sugar Craft
Northridge, CA
www.cakevisions.com

Global Sugar Art, LLC
Plattsburgh, NY
+1-800-420-6088
www.globalsugarart.com

Associazioni

The British Sugarcraft Guild
Wellington House
Messeter Place
London
SE9 5DP
020 8859 6943
www.bsguk.org